U0457925

# 刑事审判合议制度论

刘　卓◎著

中国政法大学出版社

2024·北京

声　明　　1. 版权所有，侵权必究。

　　　　　2. 如有缺页、倒装问题，由出版社负责退换。

**图书在版编目（ＣＩＰ）数据**

刑事审判合议制度论 / 刘卓著. -- 北京 ：中国政法大学出版社，2024. 6. -- ISBN 978-7-5764-1591-9

Ⅰ. D925.218.4

中国国家版本馆 CIP 数据核字第 20249ZX941 号

-------------------------------------------------------------------------------

| | |
|---|---|
| 出　版　者 | 中国政法大学出版社 |
| 地　　　址 | 北京市海淀区西土城路 25 号 |
| 邮寄地址 | 北京 100088 信箱 8034 分箱　邮编 100088 |
| 网　　　址 | http://www.cuplpress.com (网络实名：中国政法大学出版社) |
| 电　　　话 | 010-58908586(编辑部) 58908334(邮购部) |
| 编辑邮箱 | zhengfadch@126.com |
| 承　　　印 | 固安华明印业有限公司 |
| 开　　　本 | 720mm×960mm　　1/16 |
| 印　　　张 | 13.25 |
| 字　　　数 | 240 千字 |
| 版　　　次 | 2024 年 6 月第 1 版 |
| 印　　　次 | 2024 年 6 月第 1 次印刷 |
| 定　　　价 | 59.00 元 |

# 序　言

　　近来，为了提升审判质效，不少地方法院正在推进院庭长"阅核"裁判文书制度。尽管最高人民法院强调，"阅核制"与"审批制"具有根本区别，但该项制度仍然在法学界和法律界引发了不少质疑。不少学者担心：该项制度是否会在一定程度上抵消旨在实现"让审理者裁判、由裁判者负责"的司法责任制改革的成效？合议庭是审判责任的重要主体。显然，该项制度的推进就牵涉到了刑事审判监管权和合议庭审判权的界限问题，而该问题正是本书所要研究的重要问题之一。

　　时至今日，作为司法改革的重要内容，刑事合议制度依然遭遇着"形合实独"下的合议程序消解、"审判分离"下的合议庭裁判权转移和审委会决定制下的"裁而不审"等瓶颈。我国刑事审判合议制度的缺陷使得刑事合议庭和审委会的功能无法得到充分发挥。当下的制度设计既浪费了审判资源，亦增加了合议制度运行的成本。因此，进一步研究上述现象，表明自己的学术立场，或有助于推进以审判为中心的改革，实现"让审理者裁判、由裁判者负责"。经济分析和价值分析是研究我国刑事审判合议制度的重要方法。值得庆幸的是，运用这两种方法，笔者获得了一些迥异于其他学者的"思想火花"：

——就刑事审判合议制度适用范围和合议庭分工与考核而言，压缩刑事合议制的适用范围迫切且必要。福利经济学启示我们，刑事审判合议制度的适用应坚持尊重被告人合议制选择意愿原则。此外，还需坚持只有疑难、复杂、重大案件方可适用和从低到高逐级增加合议庭适用频率的原则……

——就合议庭分工与考核而言，博弈论启示我们，刑事合议庭的成员应能够实质性地参与博弈，合议庭成员的角色应当均衡分配。因而，刑事合议庭应坚持平等分工与平等考核原则和实质性参与合议原则。在分工上，具体而言，应废止院庭长参与审理案件时应当担任审判长的制度；审判长人选应按照平等分工的原则确定；在无陪审员的合议庭中，审判长一职应由合议庭成员均衡化确定；承办法官应成为负责合议庭各项审判事务组织的"受托人""代理人"，而非多数实质性审判事务的"受托人"和"代理人"并依据合议庭的集体决议行使裁判权。法官考核不仅应确立平等考核承办法官和非承办法官的考核原则，而且还应赋予承办法官和非承办法官在合议庭主要工作上同等的考核权重……

——从经济学视角来看，审委会和合议庭的关系亦属于一种成本平衡机制；只有有利于实现合议庭独立裁判的审合关系设计才是司法成本最低的，审合关系的设计必须以实现合议庭的独立审判为目标，从而降低成本。因而，纠正审合关系的错位，就必须着眼于改造审委会和刑事合议庭的审判职能。在未来，审委会应直接审理重大、疑难和复杂案件，同时，还应设置向合议庭和独任庭提供咨询意见和宏观指导的职能，而不能成为刑事合议庭的"上级"。审委会与刑事合议庭应长期共生与合作，共同致力于实现司法公正和高效。合议庭职责的简化则应着眼于取消其将重大、疑难和复杂案件提交院长提请审委会讨论的义务……

——明确刑事审判监管权行使和审判权的运行界限对于完善审判责

任制度具有重要价值。两者的界限在于它们的性质不同、地位不同和作用不同。两者最大的界限是：审判监管权只能对合议庭所审理案件的效率、流程、人员配置产生一定的影响，而不能直接影响到法官行使审判裁决权的独立性；审判监管不应介入和干预审判裁判的依法进行；审判监管的作用在于服务于审判权，以实现规范、保障、促进和服务的功能，而不应在于影响甚至改变合议庭遵循法定程序的审判进程以及对程序事项和实体事项的裁决。将审判监管权和审判权界限加以优化是实现优化配置和节约利用审判监督资源的重要路径。因而，应建立将院庭长行使审判监管权的履职行为与其业绩考评紧密关联的制度；应取消院庭长对特定案件的审批权和废除审委会"判而不审"的案件讨论和裁决制度。针对采用刑事合议庭审理的案件，我国应当明确只有合议庭才是案件审判的主体和承担司法责任的主体，其任何一名成员都不能承担案件的主要责任，各成员应承担平等的审判责任；应重新构建法官伦理责任模式的追责机构，优化法官责任追责程序……

　　本书的形成离不开多名法官的参与。自 2020 年起，我开始了本书的写作。其间，为了完成这一研究，我联系了多位基层人民法院、中级人民法院和高级人民法院的法官、前法官，他们都积极、认真地回答了我诸多的疑问。有的问题甚至颇为敏感，他们也没有刻意回避。这些都让我感到意外。细究其因，尽管当下的司法环境不尽如人意，但我国的法官队伍中始终不乏胸怀天下、坚信法治、公道正派之人。他们对于这样的司法制度、司法环境，虽长期深处其中而并未麻木，虽困厄于绩效考评和职级晋升却并非心甘情愿，他们所披肝沥胆、孜孜以求的绝不只是完成那作为工作任务的一桩桩案件，而是"以至公无私之心"去善待他人的人生，而是深植于内心深处的公平正义！公平正义，确如同阳光、雨露一般，比金子还要珍贵！

　　因此，我期待本书可以为法学界所关注，希望本书的一些观点可以被读者所理解，甚至被司法改革者所吸纳。倘能有所裨益于司法改革，则幸甚至哉！然而，我也知道，囿于能力所限，本书偏颇之处亦在所难免。还望读者见谅！

刘 卓

二〇二四年三月于大塘山脚

# 目 录

# 第一章

# 导　论

## 第一节　研究的背景和意义

### 一、选题背景

合议制度是世界各国普遍采用的审判制度。由于我国刑事审判坚持"合议制为主，独任制为辅"的原则，因此合议制度在我国刑事审判中占据着重要地位。

为建立公正、高效、权威的审判制度，历次改革均将合议制度作为司法改革的核心环节之一。为了落实前三个改革纲要，最高人民法院先后颁布了《最高人民法院关于人民法院合议庭工作的若干规定》《最高人民法院关于进一步加强合议庭职责的若干规定》和《最高人民法院关于健全完善人民法院审判委员会工作机制的意见》等多个文件。这些文件均将合议庭和审判委员会（以下简称"审委会"）机制完善作为改革的重要抓手。

党的十八届三中全会报告《中共中央关于全面深化改革若干重大问题的决定》提出了改革审判组织制度的明确要求，并确立了"让审理者裁判，让裁判者负责"的司法责任制改革目标。2014 年，《最高人民法院关于全面深化人民法院改革的意见——人民法院第四个五年改革纲要（2014—2018）》更是明文要求完善以审判权为核心的审判权力运行机制，并要求健全合议庭运行机制和审判责任制。2016 年 7 月，随着《关于推进以审判为中心的刑事诉讼制度改革的意见》的颁布，刑事合议庭独立审判，合议成员实质性、全程参与案件审理、合议和裁决成了新的要求。[1]

2015 年 9 月以来，随着《最高人民法院关于完善人民法院司法责任制的若干意见》（2015 年 9 月发布，以下简称《司法责任制意见》）、《最高人民法院关于进一步全面落实司法责任制的实施意见》（2018 年 12 月发布，以下简称《进一步司法责任制意见》）、《进一步加强最高人民法院审判监督管理工作的意见（试行）》（2019 年 9 月发布，以下简称《进一步审监意见》）等相关司法文件的出台，围绕着贯彻落实"让审理者裁判、由裁判者负责"的司法责任制和审判监管制度等改革，合议制度再次成为司法领域变革的重要内容。

然而，这一改革却是艰难的。无论是前三个抑或是第四个五年纲要实施以来的实践，都举步维艰。例如，尽管以审判为中心的改革已经进行了4 个年头，但我国刑事庭审的"虚化"现象依然存在。[2]

究其原因，这一改革必然涉及法院组织体制、审判权运行机制、审判管理机制，甚至牵涉到法律监督机关、党委、人大等其他部门及现行《人民法院组织法》[3]等法律规定。即便是在法院系统内部，院庭长的案件审批机制和审委会的改革都无一例外地关涉人民法院行政管理权力和审判权力的重组和分化。近年来，法院系统推出了多项改革措施，包括最高人民法院的"大合议制"、深圳市盐田区人民法院的主审法官负责制、佛山市中级人民法院的审判长负责制等。这些做法体现了审判机关厉行改革的决心和勇气，也取得了一定的积极效果，尽管这样的效果可能只是片面地提高了效率或者实现了改革者所预期设想的"公正"。然而，这些改革既在一定程度上突破了现行的法律规定，又背离了理论的指导，显现出了碎片

---

[1] 郑未媚：《庭审实质化背景下合议制及其运行规则》，载《人民法院报》2016 年 8 月 31 日。

[2] 李奋飞：《论刑事庭审实质化的制约要素》，载《法学论坛》2020 年第 4 期，第 59 页。

[3] 《人民法院组织法》，即《中华人民共和国人民法院组织法》，为表述方便，本书中涉及我国法律文件直接使用简称，省去"中华人民共和国"字样，全书统一，后不赘述。

化的图景，难以形成持续有效、可以在全国推广的经验模式。它所能实现的效果，往往不过是一些细枝末节的修修补补。与此同时，无论是学者的理论著述，抑或近年来的多项审判改革，对合议制度的指摘从未停息。及至于近年来的多起热点案件，也多采用刑事合议形式审判，有的甚至还会历经多轮合议。刑事审判合议制度已成为社会各界广为批判的焦点。

## 二、选题意义

本选题源于湖南大学法学院谢佑平教授承担的 2017 年国家社科基金重大项目"中国司法的政治性及其边界研究"，以进一步发展我国刑事审判合议制度的新型理论和提供新型司法制度建设方案为目的。以经济分析为基点研究我国刑事审判合议制度具有重大意义。

（一）理论意义

在我国，围绕审判权独立运转的多轮改革效果并不尽如人意，这和我国刑事合议庭制度运行的外部环境是分不开的。就理论而言，既有《刑事诉讼法》规定的审判监管权行使与审判权运行之界限的失当，又有审委会与合议庭关系（以下简称"审合关系"）的错位。这种理论上的错位既造成了审判监管权的不当行使，在一定程度上抵消了司法责任制为还权于刑事合议庭所做的努力，又依然未能祛除形成"审判分离"现象的真正痼疾。因此，以去行政化为重要目标的司法责任制改革却反而在通过强化审判监管权这种行政权力的运行来落实改革，而审委会改革何去何从的问题却依然未能借助制度加以明确。这种理论的纷争势必会引发实践的混乱甚至改革的倒退。

为解决上述问题，不少学者主张废除影响合议制度运行的这些外部制度和机制。然而，数轮改革的成效却启示我们：这些制度的实行有着深刻的理论根源，反映了法官群体和法院系统其他人员的利益需求，即便将其废除也需寻找替代机制。利益的计算往往最能深入人心。因此，我们需要运用经济学的原理探寻这些机制和制度运行的根本原因，以便更好地理解和把握法院系统各利益群体的现实需要，摒弃单纯的"头痛医头，脚痛医脚"路线，选择恰当的外部环境治理理论。

首先，本书从经济分析角度对审判监管权行使和审判权运行的界限及审委会和合议庭的关系进行了深入研究。这就进一步明晰了审判监管权和审判权运行的边界理论，为进一步完善审判监管制度打下了基石。同时，针对审合关系的错位，本书亦对两者的关系进行了理论探讨。这就进一步优化了两者的关系，为审委会作用的正确发挥奠定了理论基础。

其次，本书提出了刑事审判合议制度的适用原则。从经济学角度而言，显然，合议制度的成本高于独任制，其效率却低于独任制。因此，在德、法、英、美等国，合议制度的适用范围受到了严格的限制。近年来，我国刑事案件数量猛增，在这种前提下，可以借鉴西方发达国家的立法经验，确立重大、疑难与复杂刑事案件方适用刑事审判合议制度的原则。然而，本书并没有停留在这一经典学术论断上。本书所要实现的是对这一论断的进一步发展。在经济学中，如果任何一种改变都不可能在不使得其他人利益变得更糟糕的同时带来个人境遇的好转，那么这种状态就是最理想的帕累托最优状态。而作为新福利经济学基础的社会福利函数论则又提出，帕累托最优并不唯一，实现这种效果必须在个人之间实现福利的合理分配并实现生产和交换的最优。在新福利经济学中，社会整体福利由个人福利组成，而个人则是自身福利的最佳判断者，刑事审判以被告人人权保障为根本目的。不同于民事和行政审判，避免被告人权利受到司法的不当侵害即实现了刑事审判的司法公正。正是基于这种认识，笔者认为，即便对于那些被社会所普遍认为应当采取合议制度的重大、疑难和复杂案件，被告人自由选择是否使用合议制度也应当成为一项基本原则。这样的原则应当在所有可能适用合议制审判制度的环境中遵循。囿于刑事司法案件随着审级的提升而往往逐步凸显其重大、疑难与复杂性，合议制度应当在较高级别的法院中得到更多体现。同时，又应对尊重被告人选择意愿的原则和从下至上逐级增加合议庭适用频率的原则予以充分的协调，以避免其抵牾。因此，本书有助于合议制适用边界划定理论的完善。

最后，本书以经济分析为维度，提出了合议庭法官同等条件平等参与庭审的刑事审判合议制度理论。众所周知，即便排除了院庭长审批制和审委会对重大、疑难和复杂案件的裁决制的干扰，承办法官负责制和审判长负责制依然在阻碍着刑事合议功能的发挥。因此，应当改造承办法官负责制和审判长负责制。故而，总结博弈论对合议庭分工的启示，本书提出了完善刑事合议庭分工和考核的新原则。这就再次丰富了刑事合议庭的分工和考核理论，为充分调动合议庭成员的积极性、能动性，从而为最大限度地实现合议庭裁决的合法性、公正性奠定了理论基石。

（二）实践意义

一方面，本书在前人研究基础上厘清了刑事审判合议制度的适用界限，重构了其适用范围制度，可供改革者参考。作为与个体决策相对应的决策形式，合议制度虽不能从根本上实现绝对的司法公正，但却被普遍认为可以在更大程度和可能上实现公正。一个正常运行的刑事审判合议制度体现了集思广益，不仅可以使得司法决策的科学性和可靠性得到提高，而且还蕴含了司法民主理念，提升着社会大众对于裁判的信任感和服从感。此外，它还承载着权力的分立和制衡，在一定程度上发挥着约束司法独裁和防治贪腐的作用。然而，合议制裁判的巨大资源耗费和较低的司法效率，又使得其应用范围必须得到限制，而不是我国实践中通行的"形合实独"。基于此，本书以合议制边界划定理论为依托，探究刑事审判合议制度适用边界，并提出了具体的适用范围。

另一方面，本书提出了完善刑事合议庭分工制度、审判监管制度、审判权运行制度、审判责任制度、审委会和合议庭职能改造等制度的建议。

这些建议以前文所述理论为基础，在理论指导的基础上作了适度延伸，有助于为后续的司法改革提供参考。例如，本书指出，基层法院应当适用合议制度审理的范围为：①涉及国家安全、外交、社会稳定等敏感情况且被告人选择适用合议制度的案件；②本院已经发生法律效力的判决、裁定、调解书等确有错误需要再审且被告人选择适用合议制度的案件；③法律适用规则不明且被告人选择适用合议制度的新类型案件；④拟宣告被告人无罪且被告人选择适用合议制度的案件；⑤拟在法定刑以下判处刑罚或者免予刑事处罚且被告人选择适用合议制度的案件。这些建议贯彻了尊重被告人选择审判组织的自主权的原则，也必将大幅压缩基层法院合议制度的适用范围，有效缓解基层法院案多人少的紧张局面。

## 第二节　研究的范围和思路

### 一、刑事审判合议制度的范畴界定

作为一项广泛存在于世界各国的制度，尽管合议制度存在诸多相通之处，但它们在形式、内容和程序上却不尽相同。因此，界定刑事审判合议制度的概念和特征必须充分把握其与其他合议制度的异同。

（一）概念和范畴厘定

合议制度广泛存在于世界各国。从字面意义上看，合议包含"合"和"议"，合议制度即群体共同商量、讨论并决策某类问题的规范。因而，它被广泛应用于世界各国各类重大问题的讨论。

从世界范围来看，合议制度主要包括政治合议制度、社会合议制度和审判合议制度等。政治合议制度指国家行政机关、立法机关通过多人协商和决定行政事务及立法事务的制度。这一制度使得政治决定和立法事项披上了民主化的外衣，并强化了政治决定的合法性和权威性。社会合议制度则指社会机构和公民采用多人讨论社会事务的制度。它包括企业决策、家庭事务等各类具体事务。审判合议制度则指采用合议组织形式共同审理、讨论和裁决案件的制度。

审判合议制度又可被进一步分为刑事审判合议制度、民事审判合议制度和行政审判合议制度。那么，以在刑事审判中适用合议庭形式裁判案件的制度为例，究竟是应在合议制度之前添加"刑事"还是"刑事审判"？质言之，何种表述更能准确、凝练地表述这种审判组织制度？

首先，无论是"刑事合议制度"还是"刑事审判合议制度"都属于刑事制度的范畴。作为一项规定犯罪、刑罚及其诉讼的制度，刑事制度必然属于国家刑事立法的范畴，而不可能属于社会制度，也即不可能为社会组织或一定数量的公民所设立。因此，只有刑事立法中那些实行合议的制度才可能是刑事审判合议制度。

其次，此种语境下的刑事合议是一种法定程序，而这种法定程序不仅存在于审判环节，还存在于检察等环节。例如，《人民检察院检察委员会工作规则》第 8 条和第 9 条规定了应当提交检察委员会讨论和决定的情形。因此，"合议"和"审判合议"在刑事审判的概念下并不属于同一内涵。

故而，着眼于表述的准确性，我们不应将"刑事审判合议制度"简化为"刑事合议制度"。因而，本书采用"刑事审判合议制度"来指称刑事诉讼法律、法规和司法解释所规定的、发生于审判阶段的、适用合议制审理案件的一系列法律规范。本书以研究我国刑事审判合议制度为对象，但由于处在我国本土环境中，因而，本书删除了题目中原所存在的"中国"一语。

正是在前述定义的基础上，笔者认为，刑事审判合议制度的定义既要充分考虑合议的通常含义，也即群体讨论和决策，也要顾及刑事立法的制度环境对这一概念的限制，更要进一步明确合议的内容。因此，笔者对刑事审判合议制度的定义是：刑事审判合议制度指由法院组成多人审判组织，依照法定程序审理刑事案件并对其中的事实认定、定罪和量刑问题进行讨论和群体性裁判的制度。[1]

然而，依此定义，我们仍然需要解决的一个问题是：此处的合议是否要求其主体必须同时具备审理、讨论、作出决定和承担责任四项功能。质言之，刑事审判合议制度的具体研究对象为何？在我国，审委会虽不是法定审判组织，[2]但却拥有针对合议庭提交的重大、疑难和复杂案件的法定的讨论权和决定权，且合议庭必须执行其决定。与此同时，合议庭虽不具备重大、疑难和复杂等案件的裁决权，但却需要承担责任。如果要求这种合议必须同时实现审、议、决、裁四种功能，则我国就不存在刑事合议组织。这显然不符合中国实际。因此，此处的刑事合议主体只要具备群体性审理、讨论、裁决和承担司法责任中的任一行为，都应当是本书的研究对象。故而，本书所研究的我国刑事审判合议制度包括针对刑事案件的合议庭制度和审委会制度。

（二）特征

1. 主体为多人组成的集体

合议，亦即众人参与。它是一种集体决策的形式。没有多人参与，就不能谓之合议。[3]从古至今，合议的人数呈现由多至少的变化。其一，城邦式全民直接民主破产。随着民族国家的出现和发展，城邦国家日益破产，人口的大量增加使得希腊城邦式的全民直接民主缺乏了实现的可能。其二，审判被越来越多地交给职业法官。随着社会分工的进一步细化，不熟悉法学知识的普通公民往往难以适应审判的需要，因此，审判也就被更多地交给职业法官。其三，激增的刑事诉讼数量使得法院不得不减少参与

---

[1] 袁坚:《刑事审判合议制度研究》，法律出版社 2014 年版，第 14 页。

[2] 笔者以为，依据《人民法院组织法》第 29 条第 1 款"人民法院审理案件，由合议庭或者法官一人独任审理"之规定，由于审委会并非司法案件的审理主体。因此，它并非我国法定审判组织。当然，这并不能否定它属于我国审判组织的属性。

[3] ［德］马克斯·韦伯:《经济与社会》（上卷），林荣远译，商务印书馆 1997 年版，第310 页。

合议的职业法官人数。[1]囿于司法资源的稀缺性，面对大量的刑事案件，审判机关不得不选择安排较少数量的职业法官参与合议；即便是非专业的陪审团成员和人民陪审员，囿于效率和财政补贴，有关单位安排的此类人数量也日益减少。

随着审级的提高，合议人数则往往会增多。在当今世界，审判合议庭成员一般低于 10 人。那么，合议制审判组织的人数为多少合适呢？这种人数的设置应当既能充分保障成员平等、自由协商，从而实现集思广益，又不能过多，以避免由人数过多引发的群体偏激和失去理智。正如学者所言："在所有人数众多的议会里，不管是由什么人组成，感情必会夺取理智的最高权威。如果每个雅典公民都是苏格拉底，每个雅典议会都是乌合之众。"[2]人员越多，效果未必越好。

上述原理在我国刑事审判合议制度中得到了体现。《刑事诉讼法》第183 条规定，全国各级人民法院一审和二审合议庭的组成人数（含人民陪审员）均为 3 名至 7 名。其中，依据一审和二审、是否有人民陪审员参加，人数又不尽相同，且呈现出了规律性变化。从无人民陪审员参加的一审合议庭来看，基层人民法院和中级人民法院只能有 3 人，高级人民法院和最高人民法院则为 3 人至 7 人；从有人民陪审员参加的合议庭来看，基层人民法院、中级人民法院和高级人民法院则只能为 3 人或 7 人。上诉、抗诉案件和最高人民法院审理的案件则不能使用人民陪审员，而上诉、抗诉案件的合议庭组成人数只能为 3 人或 5 人。专门负责疑难、复杂、重大案件审理的审委会则无人数限制，而实践中这一组织的人数则往往为数十人。这反映出，合议庭制度在基层人民法院、中级人民法院和高级人民法院一审案件中被广泛采用；在无人民陪审员参加的合议庭中，随着人民法

<hr>

[1]　张仲侠：《审判团队——以合议庭审判资源配置与规则重构为视角》，人民法院出版社 2018 年版，第 36 页。

[2]　[美]汉密尔顿、杰伊、麦迪逊：《联邦党人文集》，程逢如、在汉、舒逊译，商务印书馆 1980 年版，第 283 页。

院级别的增高，职业法官人数总体上呈现出递增态势；有人民陪审员参加的合议庭人数是恒定的；随着案件审级和疑难、复杂和重大程度的增加，人民陪审员被禁止使用，且法官人数为 3 人或 5 人。总结起来，在我国，参与合议庭的法官人数被控制在 3 人、5 人、7 人这样一个较为适当的人数范围内，人民法院级别越高、案件审级越高，则越少使用人民陪审员。这也充分体现了我国合议制度人数设计的智慧。

2. 集体决策

集体决策指合议成员在平等且又充分讨论、协商的基础上，依照多数人的意见作出的决策。较之单独决策，集体决策可以集思广益。因而，它的信息往往更准确、更全面。这种决策并非合议成员意见的简单叠加，而是基于更多、更全的信息、经验和智慧，并通过成员的充分沟通、认同与趋同，从而最终形成一致或者多数人接受的意见。

这种集体决策在职业法官与陪审员之间的合作中表现得比较模糊，而在单独的陪审员之间的讨论中则比较典型。[1]因而，它被广泛采用，尤其是在重大、疑难和复杂案件的审理中。需要指出的是，集体决策的结果并非总是正确的，甚至常常出现偏差。然而，在多数情况下，它却是最优的决策方案。[2]例如，在我国，人民陪审员是民主制度的重要组成部分。人民陪审制度不仅有利于实现对职业法官的监督，而且有助于减少法官不足的压力，有效解决法官人手不足与案件数量的巨大矛盾，缓解案件积压的巨大压力。

在美国，审判组织包括陪审团制和职业法官制两种。在前者中，陪审团成员的数量为 12 人，负责审理事实，职业法官仅负责法律审；而后者则为 3 至 5 人，全面负责案件的审理。然而，无论何种形式，陪审团成员对于案件事实和职业法官对于整个案件均具有平等发表意见的权利和决定案

---

〔1〕［德］马克斯·韦伯：《经济与社会》（上卷），林荣远译，商务印书馆 1997 年版，第 37 页。

〔2〕［日］斋藤寿郎：《合议制与单独制——体验的合议制论》，载《判例 Times》第 400 期，第 100~103 页。

件结果的权力。可见，在这种合议中，合议成员不仅人数众多，而且均平等参与。

我国法律亦对集体合议制度作出了规定。《刑事诉讼法》第184条规定，如果合议成员最终不能形成一致意见，就按照多数意见作出决定。《最高人民法院关于健全完善人民法院审判委员会工作机制的意见》（以下简称《审委会工作意见》）第21条第1款则规定审委会会议和专业委员会会议由过半数人员的多数意见决定。同时，该意见第20条第3款又规定"委员按照法官等级和资历由低到高顺序发表意见，主持人最后发表意见"。这种设计正是为了体现对资历较高法官意见的尊重，最大限度地弥补资历和等级弱势可能造成的部分法官意见表达不充分，从而最大限度地保障法官的平等参与。《人民陪审员法》第21、22、23条均对陪审员对事实问题和法律问题独立发表意见作出了规定。

3. 以评议和表决案件为目的

尽管并非所有的合议组织都可以拥有表决权，但刑事审判合议制度本身就是为实现集体评议并表决案件裁判结果而设计的。离开了这一目的，其制度设计追求必然会落空。合议和表决的主要内容不仅是证据和事实问题，还包括定罪、量刑问题。在中国，尽管刑事合议庭审理部分案件时并不具备裁决权，但这并不妨碍合议制度设计目的实现。这是因为，借助审委会制度，评议和表决案件的目的得到了最终实现。

尽管世界各国的刑事审判合议制度各有特点，但以上三个特征却是刑事审判合议制度所必备的。刑事审判合议制度的这些特点，使得该项制度明显区别于独任制度、政治合议制度和社会合议制度。

## 二、研究的范围

本书以刑事合议庭制度和审委会制度为研究对象，以其关联理论、历史、发达国家现状、中国现状、未来走向为考察范围，拟设置导论、本论和结论三部分。第一章为导论，第二章至第七章为本论，最后为结论。本论部分的内容具体如下：

第二章为理论引导，主要介绍刑事审判合议制度的功能、价值和运行机理。首先，本章从防治刑事司法腐败、提升司法公信力和裁判质量加速职业化三个方面介绍了刑事审判合议制度功能。其次，又论述了该制度的公正、民主和效率价值及三者的价值位阶。最后，还介绍了刑事合议运行机理，具体包括要素、过程及态度、行为方式、高效刑事合议的特征等影响因素。

第三章为刑事审判合议制度的历史流变和域外发达国家现状。首先，本章回顾了西方国家和我国刑事审判合议制度的起源和变革，并继而通过中西比较的路径探求了其对我国司法改革的启示；其次，又分别阐述了以美国、英国、德国、法国、日本为代表的发达国家所存在的职业法官合议模式、陪审团合议模式和混合式合议模式，并继续对其共性从经济学视角作了探讨。

第四章为对中国刑事审判合议制度的考察。本章首先回顾了刑事审判合议制度的优势，继而从"形合实独"下的合议程序消解、"审判分离"下的合议庭裁判权转移和审委会决定制下的"裁而不审"三个角度运用价值分析、实证考察等多种研究方法考察了我国刑事审判合议制度存在的巨大风险，并继而从经济分析角度指出了其所造成的合议功能受限、制度效益降低及合议程序运行成本增加这三方面的问题。其次，本章又探究了其存在的成因，指出了不当的合议制适用范围和合议庭分工与考核、失当的审判监管权与审判权之界限、失当的审判责任制度和错位的审委会与合议庭关系是造成我国上述刑事审判合议制度风险的制度和理论成因。

第五章探究了我国刑事审判合议制度的适用范围和合议庭分工制度的完善。对于刑事审判合议制度的适用范围：首先，本章对刑事审判合议制作了经济分析，继而以此为基础指出了其改革方向；其次，本章提出尊重被告人合议制选择意愿，只有疑难、复杂、重大案件方可适用刑事审判合议制度，应从低到高逐级增加合议庭适用频率等刑事审判合议制度的适用原则；最后，本章分别为各层级人民法院设计了适用范围——需要指出的是，这些范围的设定充分考虑了现行制度的合理性，并以此为基石，而非另起炉灶。对于我国刑事合议庭分工制度的完善：首先，本章介绍了博弈论与刑事审判合议制度的关系并研究了博弈论对我国合议庭分工的启示；其次，它提出了平等分工和实质性参与合议等原则；最后，它提出了完善合议庭分工和考核制度的构想。

第六章则探讨了我国审委会和刑事合议庭关系的完善。首先，它从经济学角度考察了审委会和合议庭的关系；其次，它又以生产成本论与审合关系的制度设计为基础探讨了降低审合关系成本的方法；最后，它探讨了审委会与刑事合议庭之间的关系——共生与合作。

第七章就我国审判监管权与审判权界限和审判责任制度的合理化进行了研究。针对我国审判监管权和审判权的界限。首先，本章从两者性质、地位和作用三个方面指出了它们之间的界限；其次，它对该界限的合理化进行了经济分析；最后，它就该界限的完善提出了建议。针对我国审判责任制度的完善：首先，本章对刑事审判责任的分担作了分析；其次，它分别从结果责任模式、过程责任模式和职业伦理责任模式三方面进行了分析；最后，它就我国法官审判责任制度的完善提出了制度建议。

### 三、研究的思路

本书的本论部分共包含6章。这6章按照理论引导、比较借鉴、现状考察、理论拓展与制度完善的传统逻辑铺排各章节。这种思路属于刑事诉讼法学论文的传统行文逻辑。

## 第三节 研究文献述评：刑事审判合议制度研究与时代变迁

作为司法改革的重要内容，审判合议制度长期以来备受关注。因而，对于审判合议制度的研究虽不可谓之汗牛充栋，其数量却也十分可观。因而，随着时代的变迁，着眼于推陈出新，进一步深化对其在刑事领域的研究就有必要采取包括经济分析、价值分析等方法在内的多种研究方法，从理论和制度等方面协同推进。

## 一、既有的研究成果

纵观国内外对于我国刑事审判合议制度的研究，其成果可谓颇为丰硕，尤其是国内。然而，海内外对刑事审判合议制度的研究重点却迥然不同。总体而言，域外国家和地区更注重利用实证分析方法对合议庭合议过程及法官行为对其他合议成员及自己之间的影响进行研究，其总量偏少；而国内研究则较为丰富，从 1999 年至 2012 年的兴起阶段自然过渡到 2012 年至今的方兴未艾阶段，更多地采用价值分析等传统法学研究方法关注我国刑事审判合议的现实状况、问题及完善该项制度的立法建议。这些成果具体表现在以下几个方面：

第一，就刑事审判合议制度的范畴问题作出了较为科学的界定。学术界普遍认为，合议是一种公众经常使用的处理问题的方式和广泛存在的现象；司法体系中的合议制度指多名法官（两人以上）代表司法机关，独立行使审判权，共同审理司法案件并对这些案件进行裁判的制度；合议制度的基本特征（有的学者表述为基本原则）包括平等参与、独立判断、多人参与、共同决策。[1]就我国审委会是否属于合议组织的问题，个别学者持肯定态度，认为应将审委会纳入合议审判组织。就我国刑事合议制度的主体，还有学者从我国实际出发，指出人民法院院庭长、同事、上级人民法

---

〔1〕 赵瑞罡：《司法改革背景下合议制度研究》，法律出版社 2018 年版，第 24~25 页；刘世强：《刑事合议制度研究》，中国政法大学出版社 2014 年版，第 74~79 页；杨朝永：《民事审判合议制度研究》，西南政法大学 2016 年博士学位论文，第 6 页；左卫民、汤火箭、吴卫军：《合议制度研究：兼论合议庭独立审判》，法律出版社 2001 年版，第 39~50 页。

院等亦是我国刑事审判合议制度的实际主体。[1]对于刑事审判合议制度的概念，个别学者亦提出了看法。[2]

第二，提出了刑事审判合议制度的一般理论。就基本理论而言，这些文献多涉及合议制度的历史、基本功能和价值、优势、基本类型、基本特征或原则、合议庭的组成与表决规则、与独任制度的比较、审判权运行的价值取向、组织理论、群体决策理论、司法责任理论、合议庭结构、稳定性和连续性对司法政策的影响理论、成员变化对合议庭投票的影响理论、意识形态对合议庭决策的影响理论、合议庭互动与决策理论。例如，有学者认为，合议制度具有承载司法公正与民主、遏制司法腐败、调节司法职权配置、催生司法职业化四项基本功能，合议制度研究具有重要意义，其具有公正、效率、民主等价值；其要素包括信息、交流网络。此外，该学者还对合议过程、效率影响因素、高效合议的特征进行了研究。[3]与此同时，还有学者认为，合议制具有促使法律事实接近客观事实、制约权力、提高司法决策质量等功能；合议制的公正价值位阶高于效率价值位阶。[4]在国外，赫廷杰（V. A. Hettinger）等学者运用实证分析数据，对美联邦上诉法院合议庭的组成、不同合议成员意见的处理、裁决等问题作了探讨。[5]日本法学家岩松三郎则在《民事裁判之合议》中对合议制度与独任制度的区别、合议制度的内容等问题作出了探讨；尼尔·奇索尔姆（Neil Chisholm）对合议庭法官独立行使审判权的影响因素进行了研究。[6]美国

---

〔1〕 刘世强：《刑事合议制度研究》，中国政法大学出版社2014年版，第49~54页。

〔2〕 袁坚：《刑事审判合议制度研究》，法律出版社2014年版，第14页。

〔3〕 袁坚：《刑事审判合议制度研究》，法律出版社2014年版，第23~72页

〔4〕 张仲侠：《审判团队——以合议庭审判资源配置与规则重构为视角》，人民法院出版社2018年版，第131~132页。

〔5〕 V. A. Hettinger, S. A. Lindquist & W. L. Martinek, *Judging On A Collegial Court: Influences on Federal Appellate Decision Making*, University of Virginia Press, 2006, pp. 231~256.

〔6〕 Neil Chisholm, "The Faces of Judicial Independence: Democratic versus Bureaucratic Accountability in Judicial Selection, Training, and Promotion in South Korea", *The American Journal of Comparative Law*, 62（2014）, p. 894.

学者乔纳森·卡斯特勒克（Jonathan P. Kastellec）对不同党派法官加入合议庭后对其他合议庭成员的影响进行了研究。[1]日本著名法学家斋藤寿郎同样对合议庭加速年轻法官职业化和提升司法裁判质量功能作出了论述。[2]

第三，就刑事审判合议制度的历史流变及发达国家的现行刑事审判合议制度进行了考察。其中，多位学者首先考察了域外审判组织的历史沿革，继而又对中国审判组织的演变进行了观察，并总结了其中的启示。[3]还有不少学者对发达国家的刑事审判合议制度进行了考察并对其进行了评价。[4]在日本，樱田胜义对大陆法系和英美法系国家处理法官之间不同意见的方式进行了比较，并提出了日本应对此进行渐进式改革的建议。[5]

第四，对刑事合议制度的优势、我国刑事合议制度的缺陷和成因进行了分析。学界普遍认为，刑事合议制度有着无法替代的优势；[6]尽管历经了多轮改革，但"形合实独""审判分离""裁而不审"等现象依然没有消退的迹象。[7]同时，不少学者还认为，承办法官制、审判长负责制、院庭长审批制、审委会决定制及法官绩效考评制度构成了我国合议制度运行的外部环境并深刻地影响着刑事合议制度的运行；合议庭内部的分工、考

[1] Jonathan P. Kastellec, "Asymmetrical Incentives and Collegial Dynamics in the Judicial Hierarchy: Decision Making on Three-judge Panels", *Dissertation &Theses-Gradworks*, 73（2009）, pp. 345～361.

[2] ［日］斋藤寿郎：《合议制与单独制——体验的合议制论》，载《判例 Times》第 400 期，第 100～103 页。

[3] 张仲侠：《审判团队——以合议庭审判资源配置与规则重构为视角》，人民法院出版社 2018 年版，第 117～224 页；袁坚：《刑事审判合议制度研究》，法律出版社 2014 年版，第 15～22 页；左卫民、汤火箭、吴卫军：《合议制度研究：兼论合议庭独立审判》，法律出版社 2001 年版，第 3～20 页。

[4] 刘世强：《刑事合议制度研究》，中国政法大学出版社 2014 年版，第 23～42 页。

[5] ［日］樱田胜义：《少数意见论序说》，载《判例 Times》第 275 期，第 10～14 页。

[6] 袁坚：《刑事审判合议制度研究》，法律出版社 2014 年版，第 72～74 页；张仲侠：《审判团队——以合议庭审判资源配置与规则重构为视角》，人民法院出版社 2018 年版，第 134 页。

[7] 张雪纯：《合议制裁判研究——基于决策理论的分析》，法律出版社 2013 年版，第 21～65 页；尹忠显主编：《合议制问题研究》，法律出版社 2002 年版，第 25～79 页。

评和追责机制影响着合议功能的正常发挥。[1]

第五，发展了完善合议制度的理论并形成了一些相应的立法修改建议。例如，有学者提出以构建权责平衡为核心、司法责任制不等于错案追究制等审判责任制改革理论，提出了审判权与裁判权相统一原则、主体单一与意志自由原则、还权于合议庭原则、转变院庭长对合议庭的监管方式、压缩合议制适用范围、合议庭责任划分原则等合议制度适用的原则，[2]以及法官参与合议的权责划分和评议与表决规则等内容。[3]也有学者提出了以合议庭为中心、以庭审为中心的合议制设计思路，并就合议庭独立审判制度、绩效考评制度提出了建议。[4]还有学者提出了坚持渐进性、系统性、本土化、现代化改造我国合议制度的思路，提出了合议制改革的目标，还提出了审判长制度、承办人制度、审委会制度的改革建议。[5]对于审判监管权和审判界限，有学者提出了两者在性质、地位上存

---

〔1〕 刘世强：《刑事合议制度研究》，中国政法大学出版社 2014 年版，第 154～169 页；张仲侠：《审判团队——以合议庭审判资源配置与规则重构为视角》，人民法院出版社 2018 年版，第 38～76 页；赵瑞罡：《司法改革背景下合议制度研究》，法律出版社 2018 年版，第 31～99 页；方乐：《法官责任制度的功能期待会落空吗?》，载《法制与社会发展》2020 年第 3 期，第 82～89 页；王禄生：《人民陪审改革成效的非均衡困境及其对策——基于刑事判决书的大数据挖掘》，载《中国刑事法杂志》2020 年第 4 期，第 138～151 页。

〔2〕 赵瑞罡：《司法改革背景下合议制度研究》，法律出版社 2018 年版，第 122～269 页。

〔3〕 康宝奇主编：《专业化合议庭建设及类型化案件审判研究》（第 1 辑），人民法院出版社 2009 年版，第 45～89 页；Abimbola A. Olowofoyeku, "Bias in Collegiate Courts", *International and Comparative Law Quarterly*, 65（2016），p. 926; Dimitri Landa & Jeffrey R. Lax, "Disagreements on Collegial Courts: A Case - Space Approach", *Journal of Constitutional Law*, 10（2008），p. 329; Scott R. Meinke & Kevin M. Scott, "Collegial Influence and Judicial Voting Change: The Effect of Membership Change on U. S. Supreme Court Justices", *Law & Society Review*, 41（2007），p. 909; Frank B. Cross, "Collegial Ideology in the Courts", *Northwestern University Law Review*, 103（2009），p. 1425; John. W. Cooly, "Interaction and Decisionmaking on Collegial Courts: A Panel Discussion", *Judicature*, 71（1988），pp. 256～275.

〔4〕 张仲侠：《审判团队——以合议庭审判资源配置与规则重构为视角》，人民法院出版社 2018 年版，第 207～280 页。

〔5〕 左卫民、汤火箭、吴卫军：《合议制度研究：兼论合议庭独立审判》，法律出版社 2001 年版，第 39～50 页。

在不同的观点。[1]对于审判责任制，学术界则作出了较为深入的研究，并对结果责任模式、过程责任模式和职业伦理责任模式进行了分析。[2]在海外，阿尔伯特·梅隆（Albert P. Melone）认为法官处于官僚队伍中是其按照行政长官意志裁判的原因。[3]美国学者彭妮·怀特（Penny J. White）就影响美国联邦法官绩效考评的几个因素进行了研究。[4]约翰·哈雷（John O. Haley）评价了美国上诉审法院法官惩戒机构的运转。[5]

## 二、既有研究成果的不足

既有的研究为我们深入认识刑事审判合议制度理论并推动关联制度变革奠定了基石。然而，纵观上述研究，尽管成绩斐然，但其问题却依然不少。

第一，从学术产出上来看，如前所述，相关科研成果，尤其是系统论述我国刑事审判合议制度的专著仍然偏少，从而致使该研究仍处于羸弱的起步状态，难以满足我国刑事司法改革迫切的理论和方案需要。英美国家专门研究合议制度的文献并不多见。合议庭有两种表达："collegial court(s)"和"collegiate court(s)"，以前者居多。截至 2020 年 10 月 28 日 19:05，以"collegial court"为题名检索词，可在 web of science 网站搜索到 2001 年至 2011 年间 9 篇成果；以"collegial court"和"collegial courts"为题名检索词分别可在 heinonline 数据库搜索到 2 篇文章和 1981 年至 2009 年间的 8 篇文献；而在 LexisNexis 数据库则无任何斩获。使用湖南省高等学

---

〔1〕 李麒、柴雷哲：《院庭长审判监督管理权的合理性及其限度》，载《晋中学院学报》2020年第 1 期，第 32 页。

〔2〕 陈瑞华：《司法体制改革导论》，法律出版社 2018 年版，第 184~218 页。

〔3〕 Albert P. Melone, "Growing Professionalism within the Ranks of the Chinese Bench and Bar is Cause for Guarded Optimism About the Development of an Independent Judiciary", *Judicature*, 81（1998）, p. 259.

〔4〕 Penny J. White, "Judging Judges: Securing Judicial Independence by Use of Judicial Performance Evaluations", *Fordham Urban Law Journal*, 29（2002）, pp. 1061~1076.

〔5〕 John O. Haley, "The Civil, Criminal and Disciplinary Liability of Judges", *The American Journal of Comparative Law*, 54（2006）, p. 112.

校图书馆数字资源共享平台，以"collegial court"和"collegial courts"题名为检索词可以搜索到 3 部英文图书；以"collegial court"和"collegial courts"题名为检索词分别可在 web of science 网站共检索到 3 篇文献，在 heinonline 共查询到 7 篇文献，在 LexisNexis 数据库同样检索结果为"0"。相反，我国刑事审判合议制度（含合议制度）的研究已取得了不少成果。这些成果包括主要包含专著 9 部，[1]核心学术期刊、博/硕士学位论文和会议论文 140 篇。[2]其中，以"刑事合议""刑事合议庭""刑事合议制""刑事审判合议制度"为篇名检索词叠加后（旨在剔除明显不当内容）可以搜索到各类文献共 24 篇。这 24 篇文献关键词共现网络主要包含"合议制度""合议制""合议庭""陪审制""刑事审判""审判委员会""职业法官合议制""公正价值""价值""群体决策""形合实独"以及"改革路径"等内容。自 1991 年第一篇文献出现以后，近年来，其研究趋势如图 1 所示：

指标分析

| 文献数 | 总参考数 | 总被引数 | 总下载数 | 篇均参考数 | 篇均被引数 | 篇均下载数 | 下载被引比 |
|---|---|---|---|---|---|---|---|
| 24 | 375 | 47 | 3244 | 15.62 | 1.96 | 135.17 | 0.01 |

总体趋势分析

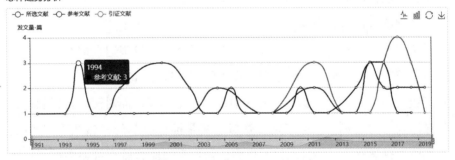

图 1

〔1〕　这是在中国国家图书馆网站以"合议制度""合议庭""合议制""刑事审判合议制度""刑事合议制""刑事合议庭"为检索词进行图书搜索的结果。

〔2〕　2020 年 10 月 28 日，笔者以"合议庭""合议制""合议制度"为检索词，在知网共搜索到 CSSCI 和北大核心期刊论文 68 篇、博士学位论文 2 篇、硕士学位论文 48 篇和会议论文 22 篇。

在图1中，蓝色曲线代表着合议制度研究状况。可以看出，从1994年以后，这一研究逐渐起步，其间起起伏伏，而2017年以来，又兴起了新的小高潮。这意味着，作为合议制度研究的一部分，我国刑事审判合议制度研究仍有不小的成长空间。

第二，研究范式陈旧。这直接导致了一些成果既欠缺充分的说服力，又缺乏应有的深度。例如，对于院庭长审批制度的研究，多数学者提出了"去行政化"的理论，主张废除这一实践中普遍通行的制度。[1]然而，为什么在历经多轮司法改革之后，这一制度仍迟迟不退出，甚至还在一些地方愈演愈烈？而在一些地方，随着员额制法官制度的推行，一些合议庭法官确实获得了案件的裁判权，然而在这些地方，非但司法不公的现象没有减少，反而案件办理质量明显下滑，群众满意度下降，事后被发回重审、再审和申诉的案件数量增加。此外，另一个新的问题是：当院庭长案件审批制度被废除后，我们又该如何有效地约束这些掌握案件裁断权的合议庭法官？究竟应该由谁来监督、如何监督、如何以最少的资源消耗来实现对于这些法官的最有效约束？院庭长审批权力废除后，在待遇不增加而单纯增加责任的情形下，法官们又是否愿意负责，一旦案件出了问题，合议庭或独任庭能否负得起责任？

第三，合议制基本理论研究不完整、不全面。我国刑事审判合议制度的系统研究严重不足。不少学者主张我国应把握好审判监管权和审判权的运行边界。[2]然而，其边界究竟为何却又语焉不详。面对司法责任制推行后滥用权力的法官，强化审判监管似乎又是推行改革的必然抓手。然而，审判监管权毕竟是一种行政化的权力，强化审判监管就有可能会抵消司法

---

〔1〕 刘世强：《刑事合议制度研究》，中国政法大学出版社2014年版，第30~172页；左卫民、汤火箭、吴卫军：《合议制度研究：兼论合议庭独立审判》，法律出版社2001年版，第56~78页；袁坚：《刑事审判合议制度研究》，法律出版社2014年版，第14页；赵瑞罡：《司法改革背景下合议制度研究》，法律出版社2018年版，第70~219页。

〔2〕 刘世强：《刑事合议制度研究》，中国政法大学出版社2014年版，第30~172页。

责任制改革赋予法官的审判权力。在我国案件数量大幅攀升、员额法官人少案多、审判资源紧张的今天，其又该如何推行和存在下去？显然，我们所应追寻的是以刑事司法公正为目标的审判资源的最少消耗。如果不能有合理的设计，一些新的制度设计方案无异于纸上谈兵。学者还提出了拓展独任庭适用范围，合议庭仅仅在重大、疑难、复杂案件中适用的原则。[1]但是，对于刑事审判合议制度的适用范围如何划定却没有提出相应的理论和方案。然而，没有更充分、更全面的划定理论，我们又该如何更好地设定我们刑事审判合议制度的适用范围？遗憾的是，除了重大、疑难和复杂原则，没有其他的原则被提出来。一些学者提出了让刑事合议庭成员平等参与案件审理的设想，然而他们究竟应该如何参与？换言之，怎样的参与才是平等的、合理的？这样的疑问亟待新的理论予以回应。

第四，刑事合议规则的设计不足。刑事审判合议制度应该在什么范围内适用？现有研究未能够提出具体的制度设想。只是，一个基本的设想被提了出来，也即扩大独任制适用范围。本书将缘此深化研究，进一步提出完善刑事审判合议制度适用范围的制度构想。

第五，对于刑事审判合议制度的"刑事"特性未给予充分重视，从而导致理论和制度设计脱离了刑事环境而适用不当或存在"跑题"之嫌。当前的多数研究未区分刑事诉讼、民事诉讼与行政诉讼。例如，有学者提出了"创设当事人合议选择法官机制"的原则。[2]然而，该学者却没有注意到刑事审判制度的目的并非保护受害人利益和权利，而是保障被告人的基本权利，因而，这样的理论显然不能够适用于刑事审判。事实上，三大诉讼程序存在诸多不同。固然，关于合议制度的研究成果有相当部分可以适用于所有的诉讼程序，但也有一些却并不具有普适性。例如，刑事诉讼关乎犯罪和刑罚，对被告人的生命权和自由权存在着重大关涉，尤其是无期

---

〔1〕 刘世强：《刑事合议制度研究》，中国政法大学出版社 2014 年版，第 70~172 页
〔2〕 赵瑞罡：《司法改革背景下合议制度研究》，法律出版社 2018 年版，第 70~219 页。

徒刑和死刑，更是剥夺了公民的自由权或生命权。自然，对于合议程序的设计就应当更为繁杂，以增加冤假错案形成的成本，从而最大限度地减少冤假错案，而不应和民事诉讼或行政诉讼完全相同。

第六，对一些内容的研究取材陈旧且零碎，缺乏对发达国家（尤其是德、法两国）近年来刑事审判合议制度运行状况的完整考察。不少学者主张司法改革"去行政化"。然而，如果缺乏对发达国家（尤其是对我国司法制度颇有影响的大陆法系国家）的刑事审判合议制度近年来实际运行状况的考察，这样的主张就很难具有充分说服力。"去行政化"就一定好吗？就一定能够促进司法公正和司法效率吗？这些疑问迫切需要解答。有学者曾经采用克劳萨（Klausa）教授于1972年作出的一份报告对职业法官和陪审员混合审判的合议制模式进行了研究。[1]然而，对于今天而言，这样的研究不仅年代久远，而且也没有完整体现发达国家对司法机关行政化的态度和合议庭制度运行的实际状况。

## 三、时代变迁、理论创新与制度重构的新需求

因而，进一步深化对这一主题的研究，在依旧注重传统的规范分析、实证分析等方法的同时，还需要运用新的范式，注重刑事属性，采用新的材料，特别是要对西方发达国家近年来刑事审判合议制度运行状况予以充分关注，从而推陈出新，深化和拓展相关问题的理论和实务研究。

十多年来，英美法系国家的制度和理论已成为大陆法系国家刑事诉讼法学研究的普遍热点，而在英美法系的研究中又以"美国法"为重心。这种选择是时代发展的必然：大陆法系广泛存在的诸多共性问题促使着人们向迥异于成文法的英美法系寻求借鉴，以应对刑事诉讼数量暴增、刑事审判质量极速下滑、监管场所人满为患等各种现象对司法公正的挑战。因

---

[1] 左卫民、汤火箭、吴卫军：《合议制度研究：兼论合议庭独立审判》，法律出版社2001年版，第56~78页。

而，随着时代的变迁，最初盛行于美国的、以功利主义为价值观的法经济分析为大陆法系国家的新派刑事诉讼法学者所接受。[1]

正如理查德·波斯纳（Richard Allen Posner）所言："经济学思考总是在司法裁判过程中起着重要的作用，即使这种作用不太明确甚至鲜为人知；法院和立法机关更明确地运用经济理论会使法律制度得到改善。"作为一种理性选择理论，经济学总是促使人们在资源稀缺世界里改变不道德的浪费行为。可喜的是，在本书所涉主题的已有文献和研究中，这种新的研究范式已经得到使用并取得了一定的成果，且成果日益增多。例如，赵瑞罡运用经济学中的博弈理论对合议庭裁判结果形成中的院庭长与合议庭之间、合议庭成员之间、合议庭与审委会之间的心理状况和利益追逐进行了分析，得出了随机化合议庭容易导致法官之间过度博弈从而危及司法公正的结论，并分析了院庭长审批制度和审委会制度异化的成因。[2]他又运用福利经济学原理分析了现行合议庭考核制度的弊病。这些都为进一步改革法官考核制度指明了方向。刘世强则使用了成本–收益的经济分析理论和方法，分析了独任制和合议制的区别，并得出了将合议制度仅适用于重大、疑难和复杂案件的结论。[3]此外，王海军又运用经济分析方法对刑事审判模式展开了分析。[4]刘晓东则从法经济学角度对刑事审判程序进行了分析。[5]李晓静对经济分析方法在刑事诉讼法学研究领域的问题展开了探讨。[6]这些成果都为刑事审判合议制度研究从实现传统"解释"功能

---

〔1〕 John O. Haley, "The Civil, Criminal and Disciplinary Liability of Judges", *The American Journal of Comparative Law*, 54（2006）.

〔2〕 赵瑞罡：《司法改革背景下合议制度研究》，法律出版社 2018 年版，第 70~219 页。

〔3〕 刘世强：《刑事合议制度研究》，中国政法大学出版社 2014 年版，第 30~172 页。

〔4〕 王海军：《刑事审判模式的经济分析——以当事人主义为中心》，中国政法大学出版社 2013 年版，第 54~78 页。

〔5〕 刘晓东：《刑事审判程序的经济分析》，中国检察出版社 2014 年版，第 20~121 页。

〔6〕 李晓静：《经济分析方法在刑事诉讼法学研究中的问题》，载《财经问题研究》2014 年第 S2 期，第 192 页。

转向采用经济分析范式实现"评价"功能奠定了基础。[1]

事实上，采用经济分析等多种方法还是实现我国刑事审判合议制度理论创新和制度重构的重要路径选择。作为一种法律制度，刑事审判合议制度立法必然是一种理性的制度架构和组织活动，而不仅仅是一套静态的社会规则。因而，中国刑事审判合议制度的立法活动和设计也必然要以资源的优化配置和高效利用为追求。同时，公正是刑事司法的灵魂所在，作为刑事司法制度，这一制度也必然不能脱离对司法公正的追求。多元化是创新与增进活力的关键。它不仅对一个国家而言有着非比寻常的意义，而且对于学术研究而言亦是如此。以实现以刑事审判合议制度司法公正为基础的司法资源和社会资源的优化配置和高效运行为目标，交叉利用经济分析方法和刑事诉讼法学传统的解释、评价、比较等方法，就可能会在很大程度上进一步推进经济学理论向刑事审判合议制度的渗透、调适和发展，从而创造出充满勃勃生机的、新的刑事审判合议制度理论和制度，达致我国刑事审判合议制度研究的新进步。未来的刑事审判合议制度研究必定是属于经济分析的。[2]在新的研究范式下，刑事审判合议制度研究将会有更大的发展。

概言之，中国刑事审判合议制度研究的新时代已悄然来临。它呼唤着采用包含经济分析和价值分析范式在内的多种方法系统研究中国刑事审判合议制度著作的诞生。

## 第四节　研究方法与可能的创新

经济分析和价值分析是研究刑事审判合议制度的重要方法。此外，研

---

〔1〕〔美〕理查德·A. 波斯纳：《法律理论的前沿》，武欣、凌斌译，中国政法大学出版社2003年版，第233页。

〔2〕Oliver Wendell Homes Jr. , "The Path of the Law", *Harvard Law Review*, 10（1897）, pp. 457~478.

究该项制度往往还离不开文献分析、比较分析和实证分析。本书亦可能在材料、研究方法、理论及制度完善建议等方面就刑事审判合议制度取得一系列研究创新。

## 一、研究方法

本书综合运用了经济分析、价值分析等方法，对刑事审判合议制度进行了研究。其中，经济分析方法则是针对该制度的第一次尝试。

### （一）经济分析研究方法

在经济学看来，稀缺性是一切经济问题的根源。人类欲望的永不满足使得人们的追求常常存在得不到或可能得不到满足的现象。这就构成了稀缺性。正因如此，人们为了获得其所想要的某种稀缺的东西，就必须有所舍弃。只有有所舍方能有所得。然而，无论何种舍弃，人们都势必为之付出必要的对价。事实上，此种舍弃并不仅仅发生在经济领域。人类行为涉足的各个领域，都存在着舍弃现象。司法是规制人类行为的制度。正因如此，经济学在刑事司法领域亦有着巨大的运用空间。

以亚当·斯密的《国富论》为肇始，边沁开始将经济学理论运用在犯罪问题的研究上。再之后，霍姆斯等人又对法律与经济作了新的诠释。自1960年以后，法律经济学开始兴起，并不断扩展。自1980年起，波斯纳又将经济学运用到审判之中，以作为裁判依据。自此，波斯纳和科斯等学者高举经济学旗帜，依托理性选择理论，深入剖析审判中的行为，形成了丰硕成果。

作为一项重要的司法制度，刑事审判合议同样具有稀缺性，同样是人类社会理性选择的制度成果。因此，下文欲运用经济学的理论和方法，研究如何化解前文提到的刑事审判合议制度的缺陷和挑战。

### 1. 刑事审判合议中的理性选择

刑事审判合议是一项以实现公平正义为追求的、充满理性而又兼具非理性色彩的活动。然而，无论非理性因素占比如何，所有合议成员建立于信息的正确认知基础上的理性参与和对自身利益最大化的追求都是其恒定的本质。运用理性选择理论审视刑事审判合议，我们可以得出诸多新的认识。

（1）理性选择理论

在经济学看来，人类行为是理性的产物，任何人都是"理性的经纪人"。经济学中的这种"理性"更多地可被理解为一种"算计"。经济学认为，这种"理性"意味着社会成员为了实现其对稀缺性资源的追求而总是在多种方案中选择成本最低或效益最大化的方案的决策模式，而无关乎这种选择模式的合法与否和是否有违公德。在经济学看来，这种模式构成了经济学与其他科学的根本区别。例如，在财富最大化理论中，效用被理解为物质财富，经济利益的最大化则成了社会成员的追求目标，同时又将这种追求的前提限定在市场制度的环境之中。又如，在预期效用理论中，社会成员以实现效用最大化为目标并使之成为行为选择的依据。如果效应难以确定，则要求社会成员借助数学工具，通过分析和比较来计算可能的预期效用并作出最终的选择。[1]

理性选择理论以四种假设为基础：①行为人具有先后次序的偏好；②行为人对关联资讯的充分获得；③行为人在多种决策方案之间的对比和选择并最终选择最佳方案；④行为人拥有正常的权利能力和行为能力，并具备大众水平的智商、知识和计算能力。理性选择理论彻底地坚持了效率观，要求行为人以实现个人利益最大化为标准实现手段与目的的均衡。以此观之，行为人始终坚持了个人主义的基调，并在成本与收益之间反复计算最佳方案。正因如此，行为人的理性选择才是经济学的根本对象。[2]

理性选择理论认为，有且只有行为人自身才是其利益最大化的最佳决

---

〔1〕 王海军：《刑事审判模式的经济分析——以当事人主义为中心》，中国政法大学出版社2013年版，第33~36页。

〔2〕 王海军：《刑事审判模式的经济分析——以当事人主义为中心》，中国政法大学出版社2013年版，第33~36页。

策者。这就从根本上否定了其他主体替代选择的合理性。其认为，只有作为市场主体的行为人都实现了自身利益的最大化，市场经济的资源配置功能才能实现最佳状态，资源才能实现最佳配置。这就从宏观层面肯定了理性选择理论的经济意义。其还认为体系化的行为人自主决策系统才是优化市场资源配置的根本所在。因而，公权力机关要降低交易成本，促进行为人的自由协商。这些构成了理性选择理论的基本要义。[1]

(2) 刑事合议中的理性与非理性

刑事合议的目标是通过优化审判资源的配置来最大限度地实现对被告人的公正审判，并最终实现公平正义。从根本上来讲，刑事审判以实现被告人在合法范围内的司法审判福利的最大化为其目标。在刑事合议中，所有的合议成员都以获得最佳的事实认定、法律适用、量刑和程序选择为目标。质言之，最佳的法律裁决方案是合议制、独任制及合议制中成员参与审判、合议的根本目的。固然，在合议制中，每位合议成员的意见都要受到多种主观因素的影响，包括文化程度、价值观、人生观、金钱观、人性观、道德水准、法律意识、裁判所需的知识和能力等，但毫无疑问的是，他们对自身效用最大化的、始终不渝的、闪耀着理性光芒的追求。[2]

这种理性或许并不能适合所有的合议制情形。然而，事实上，理性选择理论亦并未排斥这些因素。如果没有这些情形，该理论的上述假定也就失去了必要性。心理学学者往往是主要的反对者。其中，有人认为："人类行为以非理性为特点，经济学上的理性人在现实世界中很少见，即使在经济市场上也是如此，就更不要说在这些市场之外了。"[3]事实上，非理性因素在司法领域同样存在。即使在那种完全由职业法官组成的合议庭中，

〔1〕 王海军：《刑事审判模式的经济分析——以当事人主义为中心》，中国政法大学出版社2013年版，第33~36页。

〔2〕 王海军：《刑事审判模式的经济分析——以当事人主义为中心》，中国政法大学出版社2013年版，第33~36页。

〔3〕 刘晓东：《刑事审判程序的经济分析》，中国检察出版社2014年版。

他们的意见亦时不时会存在非理性因素。非理性因素来自人的感性，构成了司法领域挑战理性思维的重要因素。理性因素和非理性因素一道共同构成了影响刑事合议过程的有机组成部分。但是，这一过程中不变的本质是：所有参与者基于在对信息进行正确认知基础上的理性参与和对自身利益最大化的追求。[1]

2. 刑事审判合议制度分析的经济学视角

刑事审判合议制度是刑事审判的重要组织形式。在我国，它也是刑事审判的主要组织形式。从结构上观察，它是一种合议成员围绕最佳裁判方案提出而形成的平行对等的点状组织结构；从动态上观察，它又是各成员通过庭审、阅卷、合议等环节不断互动并最终形成一致意见或多数意见的过程。为化解刑事审判合议制度的缺陷，下文中笔者就需要用到交易成本论[2]、福利经济学[3]、博弈论[4]和效率理论[5]对刑事审判合议制度展开分析。

(1) 交易成本论

"交易成本"由科斯最先提出。在科斯看来，法律与经济运行密切相关。该理论认为，社会制度可以创造巨大的社会价值；在存在交易成本的前提下，其运行成本越小，效率就越高，社会制度创造的价值就越大；而当这一成本不存在时，制度的效益就实现了最大化，资源就实现了最佳配置；这种成本不仅包括直接成本，亦包含避免成本发生和减少潜在机会成

---

〔1〕 王海军：《刑事审判模式的经济分析——以当事人主义为中心》，中国政法大学出版社2013年版，第33~36页。

〔2〕 王海军：《刑事审判模式的经济分析——以当事人主义为中心》，中国政法大学出版社2013年版，第43~46页。

〔3〕 王海军：《刑事审判模式的经济分析——以当事人主义为中心》，中国政法大学出版社2013年版，第49~50页。

〔4〕 王海军：《刑事审判模式的经济分析——以当事人主义为中心》，中国政法大学出版社2013年版，第46页。

〔5〕 王海军：《刑事审判模式的经济分析——以当事人主义为中心》，中国政法大学出版社2013年版，第53~55页

本。正因如此，科斯提出，法律对公民权利的界定将对经济效率产生重大影响；对权利的调整则意味着一种对其他安排产生更大影响的根本性制度；制度设计的核心在于降低交易成本和减少外部干扰。

在合同行为中，交易成本包含寻找和确定交易对象、签订协议和执行协议时的投入。而在法律制度上，交易成本则指由法律的缺失、不完善致使的社会成员在追寻自身利益最大化而进行交易时无可避免的付出。这些成本主要由以下要素组成：

其一，信息搜寻成本。在市场经济中，交易者对与之交易的对象或需要购买的商品往往有着一定的要求。譬如，如果某一个体需要建设某栋住宅，那么其就需要找寻具备建筑行业资格、拥有建设能力的建筑商，甚至还往往会要求对方信用良好、历史业绩优良；如果其要购买某一商品，其就会希望出卖方拥有符合其想要的物品种类、数量、品质、支付方式的商品。如果对方不具备其中的一种或几种要素，其就需要继续寻找。如果对方所具备的条件在市场常存在标准化、多样化的选择，例如拥有某一适格商品的出卖方人数众多、分布广泛，那么其搜寻成本就会较低。反之，如果奇货可居，其可能就难以找到适格的交易者。

其二，议价成本。在合同签订场景中，如果双方均对合作后对方的成本和合作结果全面知晓、明白，那么任何一方都可合理评估双方的合作方案，协议就容易达成。相反，如果只有一方对对方合作的成本和合作结果全面知晓，另一方为了达成协议，必然要付出巨大的成本去获取信息和情报，甚至在极端的情况下，还可能放弃合作。在生活中常见的情况是，双方对对方的成本和合作结果皆不能全面、准确地知晓，因而为了全面知晓对方的信息，双方都需要付出较多的信息搜索成本，以便充分评估合作方案。这种为了缔结合约而产生的信息检索成本就是议价成本。由此观之，当双方合作信息充分公开时，合作就容易较快达成。反之，双方的合作就不太容易达成。

其三，执行成本。当双方协议达成后，为了执行契约，双方往往需要付出一定的成本，如邮寄、提存、仓储等。当然，在类似实时交易的场合，由于不需要继续履行，这种执行成本就会不存在。例如，甲方购买乙方蔬菜1斤，甲乙双方可以实时交易，那么双方就不存在后续的执行成本了。

其四，外部成本。所谓外部成本，即双方合约的执行给双方以外的人士带来的损失。例如，在医疗服务合同的场景，如果患者久病不愈而长期卧病在床，患者家庭就可能需要雇佣保姆来照顾患者，患者单位则因患者缺勤而需要另行招聘人员，而患者所在的医院亦可能因长期无法治愈患者而引发社会对其医疗技能的负面评价。这就是合作的外部成本。

其五，机会成本。为了选择一定的方案，行为人往往需要舍弃某种利益。这种舍弃就被称为机会成本。所谓"两利相权取其重，两害相衡择其轻"，道明了机会成本。正是资源的稀缺性才致使机会成本产生。机会成本促使个体在追逐利益时不得不保持镇静并谨慎冒险。

作为法律制度中的重要概念，"权利"一语的本质即利益。除了降低司法资源投入成本，"权利"使得"交易成本论"再次与法律制度相连接。司法成本即司法资源的总投入，而司法效率则是司法投入的收益与司法成本的比例。[1]在合同场景，双方交易的成果即权利的变化。因而，实现资源优化配置过程也就转化为了个体追逐权利的过程。在波斯纳看来，个体行为的选择是个体理性选择的结果，是个体对于实现其利益最大化的选择，而他们对于交易所能获得的权利的评估正是这种选择的原动力。由于法律制度可以为社会成员带来利益，因此法律行为可以用效率、平衡、最大化等经济学术语或原理来评价其效益。清晰的权利界定可以显著地降低交易成本，从而促使效益的提升。波斯纳指明了法律制度改革的实质，即

---

[1] 石晓波：《司法成本控制下法官精英化的改革出路》，载《法学评论》2017年第5期，第135页。

通过降低信息搜寻成本、议价成本、执行成本、外部成本、机会成本等交易成本来实现效益的提升。事实上，同"权利"一语，"权力""责任"同样意味着利益。因而，权力和责任的分配制度同样应降低成本。

如同市场经济，言论也存在市场。在一个理性、平等、民主、宽容的言论环境，最佳的意见才会胜出。当然，这并不意味着最佳意见一定是多数人意见。正因如此，法律制度改革的一项重要内容在于在保证案件公正审理的前提下降低成本、减少司法资源的消耗，从而提高效益。其中，明确主体的权利、权力和责任并使之合理化也是优化资源配置的有效途径。因而，从交易成本理论上讲，刑事审判合议制度改革应当着眼于减少司法资源损耗和合理确定权利、权力和责任的边界，以比较这几者的产值，择其效益最大化者，并为合议庭成员意见的平等交换提供环境。

（2）福利经济学

福利经济学是以边沁的功利主义为基础的。福利经济学以研究和创造判断某一社会状态的经济福利是否高于另一社会状态为追求。[1]边沁认为，追寻幸福是人类的天性，因而社会准则应符合最大多数人的最大幸福；社会成员自身是其是否幸福的最佳判断者，因而政府不可越俎代庖，政府权力应被限定在最小的范围内，经济领域应推行自由政策。他所说的福利即幸福、快乐。

基于功利主义，福利经济学逐步发展起来。福利经济学包含了新与旧两个阶段。旧福利经济学认为：作为社会成员对享受、快乐和满足的一种主观感受，福利可被分为社会福利和经济福利；经济福利与国民收入等同，国民收入的增大必然导致福利的增大；应将富人的一部分收入转移给穷人，以增进财富效用，增加社会福利总值；社会资源的配置应以私人福利为本位进行分配，以实现经济福利最大化为目标。

新福利经济学则进一步发展了旧福利经济学。该理论认为：个体福利

---

〔1〕［澳］黄有光:《福利经济学》，周建明等译，中国友谊出版公司1991年版，第6页。

的最佳判断者即个体自身而非其他人，社会整体福利由个体福利组成；社会福利的最佳状态之一便是在其他人处境未变差的情形下使得某个、某些成员的处境更好，也即帕累托最优；在一部分社会成员福利增加而另一部分社会成员福利减少而这种增加又多于这种减少的情况下，社会福利也应被认为增加了；欲实现社会福利的唯一最佳状态，不仅要在生产、交换环节实现资源的优化配置，还必须合理地向社会成员分配福利。

（3）博弈论

博弈论是关于个体间互相发生作用时如何决策和均衡、理性选择的理论。个体与集体间的冲突和均衡即博弈论的核心。它主要囊括行动、策略、信息、参与人、支付函数、结果和均衡等内容。其中，策略是规范参与人决策的规则；信息则是参与人所拥有的包括对其他参与人活动情况在内的一切可用于决策时的知识；支付函数则是参与人通过博弈可以获得的效用；结果则是参与人用于分析的要素的集合；均衡则是参与人博弈的最佳状态。其认为，在群体中，个体决策行为不仅只是个人认识，还要受到其他个体的影响；均衡状态应是所有参与者表现出最佳行动的组合状态。换言之，他人和自我认识都会影响个体决策，而个体决策则又必然反过来影响他人；只有实现了群体中个体的均衡，以至于任何个体都不会再受损失，才是实现了博弈的目的——均衡。如果规则的修订建立在成员全都同意的基础上，也就是实现了均衡，新规则往往会更有效率。[1]这种均衡也使得成员的人格受到了尊重，从而增强了他们的积极性。[2]因而，法律的变革也可以被理解为博弈与和解的结果。[3]

在刑事审判合议制度中，任何一位参与合议的法官都同样存在着博

---

[1] James M. Buchanan & Gordon Tullock, *The Calculus of Consent: Logical Foundations of Constitutional Democracy*, The University of Michigan Press, 1962, pp. 106~109.

[2] Ellen E. Sward, "Values, Ideology, and the Evolution of the Adversary System", *Indiana Law Journal*, 64 (1989), p. 317.

[3] JackHirshleifer, "Evolutionary Models in Economics and Law", *Research in Law and Economics*, 4 (1982), p. 218.

弈。刑事合议的过程即合议庭成员信息交流、策略互动、斗争妥协并最终实现个体与个体的均衡、个体与集体的均衡，以司法裁判为博弈结果的活动。因而，博弈论必将为刑事审判合议制度的改造提供诸多启示。

（4）效率理论

效率理论是经济学广泛盛行的三大理论和原则之一。[1]效率理论包括配置效率和技术效率。所谓配置效率，指的是资源在消费者间的均衡配置，它可以借助卡尔多-希克斯效率和帕累托效率来衡量：卡尔多-希克斯效率认为，如果经济变化使得一部分社会成员获益超过了另一部分成员的损失，那么此种经济改变仍然是有效率的；对帕累托效率前文已有介绍。技术效率则关涉投入与产出之间的关系。

一项科学、合理制度的制定绝不应是随心所欲的结果，而应是根据效率理论分析后的理性选择方案。从经济学上看，只要一项制度的收益大于0且没有其他的制度比该项制度拥有更多的产出，则该制度即实现了效率，就是最科学、最合理的制度。因而，法律制度的效率则是通过优化资源配置和权衡成本收益关系来实现的。在效率分析中，定性分析和定量分析是最常用的方法。

判断是否需要对一些行为和活动进行立法，往往需要考虑立法是否能够增进社会主体的福利。质言之，需要考虑的是建立此项法律制度对于社会福利的增进能否比不建立此项制度获得更多的收益；如果建立此项制度的成本投入高于社会福利的产出，或者建立此项制度会减少社会福利的产出，那么此项法律制度就无需建立。是否需要改进立法，则需要考虑的是新的立法在司法收益——在案件的公正审判不减损的前提下能否降低制度对于司法资源的消耗，或者在司法资源消耗不减少的情况下能否促进公正审判，或者司法资源损耗虽有增加，但案件公正审判的收益明显增多，以

---

[1] Douglas G. Baird, "The Future Of Law And Economics：Looking Forward", *The University of Chicago Law Review*, 64（1997），pp. 102~136.

至于这种收益与司法资源消耗的差值大于立法修改前收益与司法资源消耗的差值。因而，运用效率理论分析法律制度并探索其完善之道，就应当从制度变革是否有助于降低司法资源消耗、是否有助于提升案件的公正审判水平、是否有助于提升案件审判整体效益、是否有助于明晰和优化刑事合议主体的权利、权力和责任配置等方面来比较和分析。

3. 刑事审判合议制度分析的经济学研究方法

分析刑事审判合议制度，可以采用多种方法。经济学方法是其重要选择。法经济学研究方法既有哲学意义上的个人主义方法论，[1] 又有仅作为技术工具使用的成本-收益分析。[2] 除了前文的宏观的经济学理论，本书的研究还将采用以下几种微观方法：

（1）个人主义方法论

个人主义是相对于集体主义而言的一个概念。个人主义方法论认为，个人的行为正是集体的意义和价值所在，集体是为了满足个人需要而存在的；个人行为是社会行为的终极体现，社会即个人行为的互动过程；一切行为归根结底都是个人行为，个人行为由个人和他人对其影响所共同决定，其行为由个人和个人对外界的影响所决定。

法律活动与市场经济存在相似情形。在法律活动中，同样存在着立法者、司法人员、执法者和守法者等法律市场活动的主体。这些主体如同经济活动中的个体一样，同样扮演着理性的经济人角色。他们也同样有着自利的强烈欲望，同样会在法律活动中以实现个人利益最大化为目标进行理性选择，他们的行为方式与经济人颇为类似。例如，在刑事审判合议活动中，正是由于承办人、审判长承担着与其他合议法官不同的司法责任，案件才往往被认为是承办人或审判长的案件，而非所有参与合议法官的案

---

〔1〕 王海军：《刑事审判模式的经济分析——以当事人主义为中心》，中国政法大学出版社2013年版，第56页。

〔2〕 王海军：《刑事审判模式的经济分析——以当事人主义为中心》，中国政法大学出版社2013年版，第57~58页。

件，由此不同的法官才会有了在时间、精力上不同程度的投入。

（2）成本-收益分析

作为一种常用的经济学分析方法，成本-收益分析常用来比较不同方案的效益以确定最终的选择。在法律活动中，以个人主义的角度分析，法律主体亦往往是自利的和理性的。因而，即便不懂经济学的原理，理性的法律人也往往会比较个人时间、金钱和精力投入与其所获得的收益间的差值，以选择最有利于自我利益最大化的方案。

例如，一名法学硕士毕业生在选择出路时，就可能面临 A、B、C 这样的选项。

A 方案：选择攻读博士学位，毕业后继而在高校、科研院所从事法学研究或者担任教职。按照行业平均收入，其预期收入将高于同地区法官、检察官，但低于律师业平均水平。但由于国内法学博士毕业困难，延期毕业率较高，按照平均 5 年毕业年限，他可能需要"享受"5 年的苦读生活，其间除了国家下发的基本每月 1000 元至 3000 元不等的助学金，其他收入全无。较之法官、检察官和律师，可以说较高投入、较高收益。

B 方案：选择成为一名法官或者检察官，收入低于高校教师和本地区律师，但工作相对轻松，无科研压力，也即投入低、收益少。这也是内地多数公务员的工作和收入状况（江苏省、广东省、浙江省除外）。

C 方案：选择成为一名本地区律师。按照全国律师业的平均收入，他的收入会高于本地区高校教师和法官、检察官，但同时较之上述三职业，其精力投入较少，即低投入、高产出。

显然，比较过上述方案后，其会选择 C 方案。这种方案也是我国当前多数法学硕士毕业生的选择。由于兴趣、志向、生理特点、生活品质追求不同，少数法学硕士毕业生会选择担任法官、检察官或者继续攻读博士。可见，成本-收益分析的理念早已在法律职业选择中被多数人所自觉或不自觉地使用。

在不同的语境下，成本有不同的内涵。一方面，这种成本并不局限于金钱，时间、精力、知识、技能、经验、名誉、信用、良知、道德、精神、感情等因素也可以成为这种成本。[1]因为无论是知识还是技能抑或是经验，都需要一个学习和积累的过程。有时，这种过程十分漫长且需要较高时间、金钱和精力投入。例如，在前文法学硕士毕业生选择案例中，攻读博士看似前景不错，但前期却可能需要较高的成本。为了备考，其往往需要至少3个月的投入，其甚至可能还需要花费数万元选择一家考博辅导班；即便如此，能否考取博士仍是一个未知数；一旦第一次报考失败，就需要继续备考，甚至再花费数年时间再战考博。为此，时间、金钱和精力都将是巨大的付出，志向可能遭受巨大挫折，意志可能遭受巨大打击。不仅如此，在读博的过程中，为了在 CSSCI 刊物上发表 2 篇到 3 篇论文，其可能需要写作数十篇论文，并经历无数次投稿失败而又无人告知任何退稿意见的沉痛打击。即便如此，许多文章依然可能长期无法发表。为了准备一篇 10 万字以上且具有较高质量的毕业论文，其往往需要花费 1 年甚至数年的时间去收集素材、阅读、观察、思考和写作。此外，由于金钱匮乏、时间紧张、生活枯燥，他（她）将缺乏较多的时间陪伴女（男）朋友，因而他（她）亦很可能失去女（男）朋友，遭受巨大的感情损失。可见，考博、读博是一项需要志向、意志、体力、精神压力和大量时间、金钱、精力、感情等成本投入的"快乐时光"。另一方面，这种成本还包含着一种淹没成本。如上例中，淹没成本包括：其为考博所牺牲的大量时间、金钱和精力，其因无法参加工作而失去的大量财富，因无法陪伴女（男）朋友而可能失去的爱情，这些都会成为隐藏其中的机会成本。因而，这种成本泛指行为人在选择并执行某种理性选择方案时一切损失的"东西"，而并非局限于物质。

---

〔1〕 罗晖：《新世纪法国刑事预审制度改革探析——基于成本-收益的法经济学分析》，载《学术论坛》2014 年第 6 期，第 154 页。

成本－收益分析中的"收益"也同样具有丰富的内涵，而并非仅为物质。例如，心理因素亦可以成为重要考量。[1]仍以上述法学硕士毕业生考博、读博为例。在该案例中，在考博的过程中，无论是否最终被录取，考博和读博都是一个自我天赋发现、意志力锻炼、知识提升和写作能力增长的过程。或许，其并不能最终被录取；又或许，被录取的他终生无法毕业。然而，在这样一个激烈竞争、群雄角逐的社会环境中，一个可能的收益是：意志力可能因此增强并愈战愈勇，知识得到了巩固，法学研究与写作技能得到了提升，了解了自己是否适合从事学术志业。因此，这种收获虽然不是物质，却可以使其在未来应对类似环境时具备更好的适应能力，成就更伟大的事业。当然，这种收益对于不同的人而言，亦可能演变为一种成本损失。

立法可以被视为一种立法者和需求方的供需交易。[2]法院在解释法律时就可能采用这一观点。[3]在科斯看来，最能节约司法资源、使得交易成本最小的法律就是最好的法律。[4]因而，在刑事审判合议制度中运用成本－收益分析，就是要注重资源的合理配置并建立合理的激励机制：①要保证合议庭各位成员地位、权力和责任成正比例关系，确保其成本和收益同向。不能一方面要求其平等参与审理、平等参与合议和裁判而又赋予各主体明显不同的地位、权力和责任，使得未担任审判长和承办法官的合议庭成员权利、权力、地位与责任不一致。②要强化合议庭各位成员的理性判断能力。只有赋予各位成员同样多的信息、赋予其同样多的参与合议的机会，从而增强其理性判断能力，才能促进合议庭成员依照其个人合法、正

---

〔1〕 Kenneth A. Shepsle, "Congress is a 'they', not an 'it': Legislative Intent as Oxymoron", *International Review of Law and Economics*, 12（1992）, pp. 239~256.

〔2〕 William C. Mitchell & Michael C. Munger, "Economic Models of Interest Groups: An Introductory Survey", *American Journal of Political Science*, 35（1991）, pp. 512~546.

〔3〕 John A. Ferejohn & Barry R. Weingast, "A Positive Theory of Statutory Interpretation", *International Review of Law and Economics*, 12（1992）, pp. 263~279.

〔4〕 R. A. Posner, *Economic Analysis of Law*, Little Brown and Company, 1977, pp. 21~28.

当利益最大化原则实现其在合议工作中的正当收益。③要降低该制度及关联制度对于司法资源的消耗，通过完善该制度进一步提升案件公正审理水平，使其司法审理收益最大化。

4. 本书对经济分析方法的运用

经济分析是本书的主要研究方法之一。这种方法的运用主要体现在以下几方面。

在本书第三章"刑事审判合议制度的历史流变与发达国家现状"中，笔者从经济学视角对发达国家刑事审判合议制度的共性进行了经济分析，指出了其在经济学上的合理性。发达国家刑事审判合议制度的共性符合经济学原理并体现着经济学视角和方法。它们不仅实现了对司法资源的最大程度的节约，而且还实现了经济分析与审判独立、司法公正的统一。我国刑事审判缺陷使得刑事合议庭和审委会的功能无法得到全面的发挥，浪费了审判资源，亦增加了合议制度运行的成本，不利于审判效率的提升。

本书的第五章至第七章在探究我国刑事审判合议制度的适用范围、合议庭分工和考核制度的完善、审判监管权和审判权界限的合理化时，运用了经济分析的理论、视角和微观方法。

从诉讼经济的角度考量，压缩刑事合议制的适用范围，扩大独任制审判适用领域，显得尤为迫切和必要。福利经济学启示我们，在刑事案件的审理中，要尊重被告人合议制选择意愿。博弈论启示我们，刑事合议庭的群成员要能够实质性地参与博弈，合议庭成员的角色要均衡。因而，刑事合议庭应坚持平等分工与平等考核原则和实质性参与合议原则，以充分调动合议庭所有成员的积极性、能动性。

从经济学视角来看，审合关系亦属于一种成本平衡机制。只有有利于实现合议庭独立裁判的审合关系设计才是司法成本最低的，审合关系的设计必须以实现合议庭的独立审判为目标而降低成本。纠正审合关系的错位必须着眼于改造审委会和刑事合议庭的审判职能。

审判监管权行使和审判权运行的界限在于两者性质不同、地位不同和作用不同。以经济学为视角，我们可以得到启示：现行制度忽视了院庭长刑事审判监管权时的个人利益；将审判监管权和审判权界限加以优化是实现优化配置和节约利用审判监督资源的重要路径；要尽可能节约审判监管资源并利用一些投入成本低但收益却高的手段去大幅提升审判监管的效益。从经济学角度对刑事合议庭审判责任的分担原则和三种责任模式作出分析和比较，有助于以实现确保司法公正基础上的司法效益最大化为依据，来提出对刑事审判合议中的法官责任模式及相应的追责机关设置的看法。

（二）价值分析研究方法

本书广泛采用了价值分析的方法。价值分析即规范分析。该方法常用来评判法律规范价值的有无及大小。它常先引入一定的价值视角，并将其作为评判法律规范和法律活动的依据，从而最终提出应然状态的法律规范。规范分析方法得出的结果往往取决于个体的主观判断，从而难以检验，表现为是否能够为人所理解、所信服，以及为何人、为多少人所理解和所信服。正因如此，同一价值分析结论在不同学者眼中常会得到不同的结果：有的赞同，有的反对。价值分析常常是抽象的、宏观的。然而，任何社会的发展都有一定的价值观和基本规律，因而在多数人眼中，价值分析的结论只要能够实现逻辑紧致、论证充分、说理透彻，也就常常会为学界所认可。本书多个部分采用了这一分析方法。例如，以效率理论为标准探究如何优化司法资源的配置；又如，欲探究我国现行刑事审判缺陷，就离不开对诸多现行司法制度的考量；还如，分析刑事审判合议制度风险的成因又往往需要探究其背后的制度根源，以上研究都需要大量采用价值分析方法。除此以外，在提出制度完善建议时，本书亦大量使用了该研究方法。

（三）其他研究方法

本书所采用的研究方法虽以价值分析和经济分析为主，但并不限于这两种方法。除此以外，本书还运用了文献分析、比较分析、实证分析等方法。

首先，本书大量使用了文献分析的方法。例如，在考察刑事审判合议制度的一般理论时，本书以大量的既有研究文献为基础，通过分析和概括进一步阐释了刑事审判合议制度的功能、价值和运行等理论。该种方法在研究刑事审判合议制度的历史流变、发达国家的刑事审判合议制度、我国刑事审判缺陷等问题时也进行了广泛运用。

其次，本书还采用了比较分析和实证分析的研究方法。比较是提出观点的重要手段。例如，本书通过比较中西方刑事审判合议制度的历史流变来探究其对我国司法改革的启示。实证分析则是用来分析实然状态法律制度效果的分析方法。譬如对刑事审判合议制度中所存在的"合而不议""审而不判"等现象的表述和成因分析，正是采用的此种分析方法。实证分析方法的结论可用来检验是否正确，实证分析常被和价值分析一并综合采用，以实现实践和理论的结合。为了验证笔者对我国刑事审判合议制度现行风险的判断，本书又运用了一些实证数据，并对多位法官进行了非正式个案访谈。这些个案访谈和实证数据告诉我们，尽管近年来我国司法改革迈出了很大步伐，但"形合实独""合而不议""裁而不审"等刑事审判长期存在的问题仍未得到有效破解。比较分析和实证分析的研究方法为分析我国刑事审判合议制度注入了新的活力。

## 二、可能的创新

首先，本书运用了新的研究材料。本书的研究肇始于司法责任制改革、以审判为中心的改革、审判监管制度改革等多项改革制度出台、改革大幕徐徐打开、不少改革措施初见成效之际。因此，这一研究的基础便是这些最新的司法制度、司法实践。故而，不少新的制度、新的实践、新的观点、新的理论便成了本书的研究材料。

其次，本书运用了新的研究方法。合议制度是我国刑事审判的核心制度之一。目前，对该制度的研究虽说不上是汗牛充栋，但亦为数颇丰。然而，运用经济分析方法系统研究该制度的文章却是匮乏的。因此，运用这一方法研究刑事审判合议制度本身就是一次试图推陈出新的有益尝试。例如，发达国家刑事审判合议制度的共性均符合经济学原理并体现着经济学视角和方法；从诉讼经济的角度考量，压缩刑事合议制的适用范围迫切而又必要；博弈论启示我们，刑事合议庭的群成员应能够实质性地参与博弈，合议庭成员的角色应均衡；以经济学为视角，将审判监管权和审判权界限加以优化是实现优化配置和节约利用审判监督资源的重要路径；从经济学视角来看，审合关系亦属于一种成本平衡机制，而只有有利于实现合议庭独立裁判的审合关系设计才是司法成本最低的。

再次，本书发展了既有的刑事审判合议制度理论。本书在原有理论的基础上，运用价值分析、经济分析等方法，就审判监管权和审判权运行的界限、审合关系的改造、刑事审判合议制度的适用原则和刑事合议庭分工原则提出了新的理论主张。就审判监管权行使和审判权运行的界限，本书指出，审判监管权行使和审判权运行的界限在于两者性质不同、地位不同和作用不同。两者最大的界限是：审判监管权只能对合议庭所审理案件的效率、流程、人员配置产生一定的影响，而不能直接影响到法官行使审判裁决权的独立性；审判监管不应介入和干预审判的依法进行；审判监管的作用在于服务于审判裁决权，以实现规范、保障、促进和服务的功能，而不应在于影响甚至改变合议庭遵循法定程序的审判进程以及对程序事项和实体事项的裁决。针对审合关系，本书认为，在未来，审委会讨论决定重大、疑难、复杂案件的法律适用的职能应转变为直接审理重大、疑难和复杂案件的职能，同时，还应设置向刑事合议庭和独任庭提供咨询意见和宏观指导的职能。审委会与合议庭应长期共生与合作，共同致力于实现司法公正和司法高效。针对刑事审判合议制度的适用，本书提出了应坚持尊重被告人合议制选择意愿，只有疑难、复杂、重大案件方可适用和从低到高逐级增加合议庭适用频率的原则。针对刑事合议庭的分工，本书又提出了刑事合议庭应坚持平等分工原则和实质性参与合议原则。这些都有助推动我国刑事审判合议制度理论的发展。

最后，本书形成了一些新的刑事审判合议制度完善建议：

其一，本书以合议制边界划定理论为依托，探究刑事审判合议制度适用边界，并提出了具体的适用范围。例如，本书认为，中级人民法院适用刑事审判合议制度审理的案件范围应在现行规定基础上适当压缩。中级人民法院需要采用刑事审判合议制度审理的案件具体应包括：①涉及国家安全、外交、社会稳定等敏感情况且被告人选择适用合议制度的案件；②本院已经发生法律效力的判决、裁定、调解书等确有错误需要再审且被告人选择适用合议制度；③法律适用规则不明且被告人选择适用合议制度的新类型案件；④拟宣告被告人无罪且被告人选择适用合议制度的案件；⑤拟在法定刑以下判处刑罚或者免予刑事处罚且被告人选择适用合议制度的案件；⑥被告人选择适用合议制度的恐怖活动案件；⑦被告人选择适用合议制度的死刑和无期徒刑案件；⑧被告人、自诉人及其法定代理人对定罪和量刑有异议，可能影响定罪量刑且选择合议制度的案件。

其二，本书提出了针对完善刑事合议庭分工和考核制度、审判监管制度、审判权运行制度、审判责任制度、审委会和合议庭职能改造制度的建议。

在刑事合议庭分工上，本书主张：应废除院庭长参与审理案件时应当担任审判长的制度；审判长人选应按照平等分工的原则确定；在无陪审员的合议庭中，审判长一职应由合议庭成员均衡化确定；承办法官应成为负责合议庭各项审判事务组织的"受托人""代理人"而非多数实质性审判事务的"受托人"和"代理人"，并依据合议庭的集体决议行使裁判权。法官考核不仅应确立平等考核承办法官和非承办法官的考核原则，而且还应赋予承办法官和非承办法官在合议庭主要工作上平等的考核权重。法官业绩考核制度应由司法管理制度上升为司法制度。

针对采用刑事合议庭形式审理的案件，本书主张：我国应当明确只有合议庭才是案件审判的主体和承担司法责任的主体，其任何一名成员都不能承担案件的主要责任，各成员应承担平等的审判责任。对于《司法责任制意见》，应将其中的"裁判结果错误"修改为"裁判结果违法"；追究违法审判责任还应以造成特定的"严重后果"为条件；应当删除"故意"和"重大过失"对法官违法审判责任行为的限制；应重新构建法官伦理责任模式的追责机构，优化刑事审判合议中的法官责任追责程序。

本书认为，为纠正审合关系的错位，我国必须着眼于改造审委会和刑事合议庭的审判职能。在未来，审委会讨论决定重大、疑难、复杂案件的法律适用的职能应转变为直接审理重大、疑难和复杂案件。同时，还应设置向刑事合议庭和独任庭提供咨询意见和宏观指导的职能，而不能成为刑事合议庭的"上级"。此外，刑事合议庭职责的简化则应着眼于取消其将重大、疑难和复杂案件提交院长提请审委会讨论的义务。

# 第二章

# 刑事审判合议制度的机理

刑事审判合议制度是民主集中制在司法审判领域的具体体现。合议制度与独任审判平行，在刑事案件的审理中发挥着重要作用。它的功能、价值、运行等基本理论则构成了其适用的基础。

## 第一节　刑事审判合议制度的功能

刑事审判合议制度的功能指刑事审判合议制度所应具有的、不以人的主观意志为转移的，满足主体需要的性能或效用。它具有恒定性、应然性的特点。刑事审判合议制度具有提升司法公信力和裁判质量、防治司法腐败和加速司法职业化等多种功能。这些功能从根本上决定着刑事审判合议制度作用的发挥。

### 一、提升司法公信力和裁判质量

首先，刑事审判合议制度有助于提升司法权威。[1]实现民主是司法领域引入合议制度的最初动机。在合议刑事案件时，合议庭往往采取每一位合议庭成员独立发表意见的方式来讨论案情。在裁决案件时，合议庭往往采用全体一致原则或少数服从多数原则来决定裁决结果。因而，由多人组成审判组织审理刑事案件本身就以民主的形式给公众以重视审判的感受。相

---

〔1〕　刘世强：《刑事合议制度研究》，中国政法大学出版社 2014 年版，第 86~88 页。

对而言，个人独任审理案件则可能使公众获得专断、独裁、轻视的感觉，不利于提升司法权威。

其次，刑事审判合议制度有助于司法裁判程序透明和部分案件事实的准确认定。尽管它并非有益于所有案件的审判，甚至在一些简单案件中还会显著降低审判效率，但它对疑难、复杂案件的助益作用却往往是明显的。通过合议庭成员之间的集思广益，合议庭可以得到更为全面的信息，避免更多的失误，从而使得案件的事实认定质量得到提高。较之独任制审理，合议制打破了由一位法官单独垄断程序自由裁量权的局面，使得法官对审判程序的自由裁量在合议庭成员之间公开化。无论这种程序是否对外公开，在程序透明性上，它都有着独任制所无可比拟的优势。

最后，刑事审判合议制度有助于准确适用法律审理重大、疑难、复杂案件。新类型案件的大量涌现使得刑法和现实之间的张力大幅减少，矛盾逐渐增多。针对疑难、复杂案件，为了准确适用法律，采用合议制度，各位合议庭法官反复沟通、共同商议，往往就会使得合议庭的知识面比单个法官要宽广许多。只有通过合议的形式充分调动各位合议庭法官的能动性，集合群体智慧，才能克服个人的偏见。刑事案件的法律适用水准往往也会因此得到一定程度的提升。这就有助于提升刑事案件的公正审理水平。

## 二、降低刑事司法腐败风险

刑事司法腐败指法官在刑事审判过程中为采用不正当职务手段谋取私利的行为。司法是社会公平的最后一道屏障。司法腐败对社会正义有着致命的打击。《乌托邦》的作者托马斯·莫尔曾说："徇私和贪利这两个弊病，一旦支配了人们的判断，便立刻破坏一切公正，而公正是一个国家的力量源泉。"[1]可见司法腐败对于社会破坏的力度之大。司法腐败本质上

─────────────

〔1〕 辛辉、荣丽双主编：《法律的精神：法律格言智慧警句精选》，中国法制出版社 2016 年版，第 202 页。

是制度的腐败，正是制度的缺失和不完善才使得司法腐败有机可乘。刑事审判合议制度即具有降低司法腐败风险的功能。[1]

其一，通过增加司法裁判人数来降低刑事司法腐败风险。我国刑事案件比民事和行政案件更多地采用了合议制度。较之独任制，合议制最鲜明也最基本的一个特征即是审判人数的增加。随着审判人数的增加，裁判权力被分散到每位合议庭成员，审判、合议和裁判无疑成了时时刻刻处于他人监督中的活动。合议制度还会使得单独一位法官再也无法垄断审判，使得司法腐败的成本大为提升。例如，假如为了使法官作出符合自身利益、对己有利的裁判，在独任制审判中，行为人只需要向一位法官行贿即可，而在最常见的三人合议制审判中，其则需要向至少两位法官行贿，甚至在必要时，为了获得明显违背法律规定的裁判，他还需要向三位法官行贿，这就使得腐败的成本大为提高。与此同时，腐败被发现和举报的风险也大为增加，因为更多的人知道意味着更多的监督。由于法官之间拥有不同的金钱观、事业观、法律信仰和道德情操，多一位被贿赂的法官就意味着案发的风险被提高了很多倍。腐败成本的增加降低了腐败获益与成本之间的差值，这就起到了降低腐败风险的作用。

其二，通过设置程序来降低刑事司法腐败风险。刑事审判合议制度意味着合议庭各成员通过共同审判、群体合议、共同裁决来完成刑事审判。通过共同审理，合议庭的各位成员都可以和承办法官一样了解到案情和其他必要的审判信息。这就为合议庭成员之间互相监督、防止个别成员违法审判谋求私利提供了信息基础。民主评议案件的程序设计则再次为防止权利滥用提供了保障。通过实行平等表决，任何一位成员的意见都可能被否决，从而使得任何一名合议成员滥用裁判权并上升为合议庭裁决意见的难度较独任制明显上升。实行少数服从多数的合议原则，则进一步提升了合议庭成员滥用裁判权的难度。若一名成员欲滥用裁判权，在其意见为少数

---

[1] 袁坚：《刑事审判合议制度研究》，法律出版社2014年版，第26~29页。

意见的情况下，其就无法满足向其提出诉求的行为人的需要；在其意见为多数意见的情形下，由于少数意见会被记录在案，其会如芒刺在背，其意见会被二审、再审法院和案件质量评估人员所重点关注，其滥用职权的违法行为暴露于外的风险系数就会显著增长。总之，刑事审判合议制度为降低司法腐败风险提供了制度保障。

## 三、加速司法职业化

法治离不开程序正义。职业意识是法官素养的重要组成部分。在律师、法学教师、法学学者、公证员和法官职业的比较中，法官有着自身鲜明的职业特征，遵守法定程序便是其中的一种。刑事审判合议制度使得法官行为在刑事审判中始终受到程序的约束，这就有助于培养和锻炼出刑事法官对于程序法治的尊重意识，从而加快初任法官的职业意识形成进程。[1]

## 第二节　刑事审判合议制度的价值

价值不同于功能。它更侧重于功能中能够带来美好意义的一面，而又比功能更深邃、更宏观、更抽象。刑事审判合议制度的价值主要由公正、效率和民主构成并具有一定的位阶。其中，公正处于效率和民主价值的顶端，具有优先性。这些价值明确了刑事审判合议制度的改革方向，有助于我们发现其运行的不足之处，确定改革目标。

## 一、公正价值

公正是刑事审判合议制度的重要价值。[2]缺失了公正的司法制度将难

---

〔1〕　袁坚：《刑事审判合议制度研究》，法律出版社 2014 年版，第 32 页。
〔2〕　袁坚：《刑事审判合议制度研究》，法律出版社 2014 年版，第 40~41 页。

以充分发挥其定分止争的作用。无论是人们的基本期望，抑或是实行法治的必然要求都需要刑事审判合议制度以实现司法公正为其最重要价值。

实行法治必然要求刑事审判合议制度以实现司法公正为最高追求和根本追求。诚如古罗马哲学家奥古斯丁（Aurelius Augustinus）神父所言："国家一旦没有了正义，就会沦落为一个巨大的匪帮。"[1]公正是刑事司法的灵魂所在。正是司法公正的存在使得人类社会摆脱了充斥着野蛮和暴力的复仇主义形态，走向了依靠公力救济而非私力救济且以和平、理性和文明手段解决争端的文明社会。何为司法公正？对于司法机关来说，只有当其普遍实现了依法裁判，而其所依之法又是良善之法时方才实现了司法公正，也即"良法美治"。而所谓的良善之法则是就法律制度的正当性而言，若司法裁判以缺乏正当性的法律条款或整部法律为依据，则无论这样的裁判多么严格地执行了法律，它也不能实现司法公正。如果不以司法公正为价值追求，那么刑事审判合议制度就失去了存在的正当性基础；无论其内在如何科学设计，都无法摆脱其服务于当政者利益需求的工具价值。清末法律修订大臣沈家本曾言："刑律不善不足以害民，刑事诉讼律不备，即良民亦罹其害。"[2]正因如此，作为刑事诉讼法重要内容的刑事审判合议制度必须以司法公正为其根本追求。

人们对刑事审判合议制度的基本期望要求公正为其最高价值。回首合议制度起源，其建立的最初目的在于实现司法裁判的民主化。然而，单纯的司法民主目的很快被抛弃。因为，他们发现，无论是独任制还是合议制，都必须以司法公正为其最重要的价值所在，而舍弃了司法公正，除了降低效率，民主显得毫无价值；民主只不过是服务于司法公正的重要工具或附属品。在发达国家，陪审团制度被广泛建立，这种制度无异于扩大了的合议制度。在我国，人民陪审员制度则成了合议制度的重要组成部分。

---

〔1〕 ［德］古斯塔夫·拉德布鲁赫：《法律智慧警句集》，舒国滢译，中国法制出版社 2016 年版，第 59 页。

〔2〕 陈瑞华：《看得见的正义》（第 2 版），北京大学出版社 2013 年版，第 222 页。

然而，无论是人民陪审员制度还是陪审团制度，它们通常均以实现司法公正为主要目的，被用于疑难、复杂案件，以集合众人智慧作出最佳裁判。在我国，刑事审判合议制度所具有的多人审判的面相满足了人们对于审判权力分化、多名法官互相监督等正义外观的客观需要，满足了公众对于司法公正的心理需求。[1]

## 二、民主价值

民主（democracy）一语往往和程序密切相关。哈耶克认为："民主是一种程序规则，其作用在于防止专制的独裁，而且我们可以肯定地说，民主虽说没有和平、正义和自由这三个伟大的否定性理想重要，但是它的重要性也可谓是紧随其后、相差无几——换言之，民主主要是一种有助于避害的惯例和约定。"[2]判断一个国家的司法制度是否实现了民主，并非在于其实体法是否具备保障民主权利的内容，而主要在于一国刑事诉讼程序法是否完善并且是否真正得到了落实。故而，司法民主往往在刑事程序法中得到体现。

刑事审判合议制度体现了司法民主。[3]司法民主并非意味着由社会大众来主宰审判。事实上，从社会分工上讲，社会大众也不可能总是以多数人参与的方式来实现民主裁断。然而，让更多的人参与裁判却是实现司法民主的一种重要途径。[4]首先，欲实现司法民主，除了司法机关之间的制约和监督、社会舆论监督等多种监督形式及社会公众参与外，在审判组织形式上实现民主参与也是重要的途径。如果所有案件都实行独任制，那么

---

〔1〕　刘琰囡：《论合议庭"形合实独"的现状与出路》，载《河南科技学院学报（社会科学版）》2017年第9期，第89页。

〔2〕　辛辉、荣丽双主编：《法律的精神：法律格言智慧警句精选》，中国法制出版社2016年版，第144~145页。

〔3〕　袁坚：《刑事审判合议制度研究》，法律出版社2014年版，第43页。

〔4〕　James T. Schleifer, "Tocqueville, Covenant, and the Democratic Revolution: Harmonizing Earth with Heaven by Barbara Allen", *Perspectives on Politics*, 4 (2006), pp. 743~744.

我们就无法借助审判组织形式实现和扩大刑事民主审判。作为实现刑事司法民主的内部形式，刑事审判合议制度使得更多的法官参与案件审理，有效防止了独任法官的独裁、专断。[1] 其次，在人民陪审员或陪审团参与审理案件的情况下，社会公众更是以直接参与的形式实现了司法民主。最后，刑事审判合议制度往往以多数一致或少数服从多数为裁判表决规则。这就体现了集体意见，体现了多人决策。从这个角度看，这种合议程序还是排除审判行政化的重要手段。[2]

## 三、效率价值

效率也是刑事审判合议制度的重要价值。[3] 提高诉讼效率是提升刑事诉讼效益的重要方式。刑事审判合议制度对于刑事诉讼效率的提升主要体现在以下几个方面：

其一，集思广益，提升案件公正审判水平，并最终节约司法资源，提升司法资源利用效率。在疑难、复杂案件的审理过程中，一些新问题、新情况常常出现。这就需要丰富的审判经验、生活经验和法律知识，需要高超的法律技术。较之独任制，合理运行的合议制使得刑事合议庭能够广泛吸纳更多法官的智慧，从而有利于实现更为公正的审判，而公正的审判则往往意味着案结事了。如果一项裁判没有实现司法公正，则很可能引发申诉、再审甚或上访，这些都会导致司法机关运用更多的资源处理该案件的后续事宜。如此一来，"案虽结而事不了"，案件的整个处理期限则会延长，司法资源的消耗只会加剧，司法效率则势必降低。因此，从公正审理的角度考虑，刑事审判合议制度有助于刑事案件的公正审理，并最终提高

---

〔1〕 袁坚：《司法合议制度研究——以一审公诉案件合议庭的运作为视角》，西南政法大学2011年博士学位论文，第23页。

〔2〕 鲁桂华：《合议制下审判团队改革的实践与完善》，载《理论视野》2017年第9期，第48页。

〔3〕 袁坚：《刑事审判合议制度研究》，法律出版社2014年版，第42页。

司法效率。

其二，刑事审判合议制度实行的少数服从多数原则有助于提高审判效率。在刑事案件合议过程中存在三种可能：全部意见一致、存在少数意见和多数意见、存在三种及以上意见。在这三种可能中，全部意见一致固然容易处理，合议庭最终意见直接形成，而少数意见和多数意见并存的现象则更为常见。那么，对于这种情况，合议庭意见又该如何形成？是继续讨论从而务必形成全体一致意见还是依照少数服从多数意见形成合议庭裁判意见？显然，实行少数服从多数意见形成合议庭最终裁决更为迅速。因此，从这一原则角度考虑，刑事审判合议制度提高了决策效率。

当然，刑事审判合议制度的效率价值是相对而言的。如果与独任制比较，在独任制可以实现公正裁判的前提下，独任制效率更高；与多人一致决策比较，则少数服从多数原则效率更高。但笔者这里讲刑事审判合议制度效率高则是基于疑难复杂案件的公正审理。与应当全体一致方可裁判的情形相比，刑事审判合议制度实行的少数服从多数原则效率较高。

## 四、公正、民主与效率之价值位阶

诚如德国著名法学家古斯塔夫·拉德布鲁赫所言："不要指望任何人能够根据客观性和规律性这样的价值来回答法的终极问题和解决法的最为困难的问题。只要国家的领导阶层摆正手段，客观性和规律性是可以达到的。然而，用奥古斯丁的话说，一旦国家沦落为一个巨大的匪帮，那么只能靠信仰更高的价值来弥补，必须通过一切顾虑和恐惧来喷射正义的炽热的火焰。"[1]如前文所论，公正有着比民主更高的价值。同理，在公正与效率的价值比较中，效率的价值位阶仍然低于公正。在多数案件中，刑事司法审判同时具有效率和公正价值。然而，一旦遇到案多人少的情形，就

---

〔1〕〔德〕古斯塔夫·拉德布鲁赫：《法律智慧警句集》，舒国滢译，中国法制出版社2016年版，第59页。

需要在效率和公正价值之间作出选择。如果在司法裁判中选择追求效率而舍弃公正，则案件可能永远都无法结案，刑事审判就会在很大程度上失去价值。即便是刑事审判合议制度实行的少数服从多数原则，如果无法获得公正的裁决，也必将大大降低其价值，甚至也很可能引发后续司法资源的浪费。

值得探究的是民主与效率的价值位阶关系。两者似乎是一对矛盾的修辞。民主往往效率低下，而效率则往往需要专断。正因如此，人们往往认为独任制比合议制度的效率更高，但更加不民主。在疑难复杂刑事案件的处理中，为了最大限度地实现公正审判，民主性往往被强调；在非疑难、复杂的简单案件中，为了实现效率，独任制又适用得最多。然而，无论在效率和民主之间采用何种价值优先的选择，都应是着眼于最大限度地实现司法公正。正因如此，在笔者看来，效率与民主何者价值位阶更高与其所针对的案件具体情况密切相关，而无法一概而言其价值位阶孰高孰低。故而，在刑事审判合议制度的三重价值中，公正处于顶端，其高于民主和效率价值，而民主和效率的价值位阶则应视其所应针对的具体案件而定。[1]

## 第三节　刑事审判合议制度的运行原理及影响因素

刑事审判合议制度的运行有着自身独特的机理。这种机理又可以从要素和过程、影响因素和高效刑事审判合议制度的特征几个方面得以体现。

### 一、刑事合议的要素和过程

（一）刑事审判合议制度的要素

刑事合议的要素主要由信息和交流网络构成。人与人交流的本质是信息经过多次"加密—解密"之后在信息发送者与接受者之间的传递过程。

---

〔1〕　袁坚：《刑事审判合议制度研究》，法律出版社 2014 年版，第 39~43 页。

信息和交流网络则是这种传递的核心要素。[1]

　　高效刑事合议的信息应具有下列特点：观点明确；观点具备证据支撑；使议题免受社会舆论干扰；弱化消极信息；共同分析；合适的时间；恰当的表达。[2]①只有观点明确，才能使得合议时的沟通免受误解，从而提高交流效率。②针对案件事实，只有具备了证据支撑，这种观点才能因具有专业性而区别于大众认识，才能实现裁判的专业性和科学性。③在一些社会影响重大案件的审理中，社会焦点往往会聚焦法院，并形成一种普遍性的认知，然而这种认知却并不具有专业性，甚至会扭曲事实和法律。例如，在一起重大案件中，公众讨论的前提是媒体的报道。但是，媒体报道却可能存在失真、片面等问题。这就很可能使后续的公众讨论陷入盲区。如果这种错误的观点泛滥，甚至影响到了合议庭成员的工作和生活，合议庭工作便将无法进一步正常开展，无法形成公正裁决。因此，为实现合议庭独立裁判，必须排除社会舆论干扰。④弱化消极信息也是必要的。此处的消极信息主要指那些对裁判后果的非正常忧虑，如这样裁判虽然合法但可能难以平息众怒的不当考虑。如果合议庭充斥着这样的观点，则合议和裁决的独立性必将受到很大的干扰，合议制将很难发挥其积极作用。因而，将这种不利信息夹杂在积极信息中，"依法裁决才是我们免责的最大保证，违法裁决早晚将被公众所察觉"的语句出现，使之转变为合议庭违法裁决的压力，促使合议庭依法合议并依法裁决才是可行之道。⑤共同分析同样很重要。如果合议庭成员不积极参与合议，而只是希望听他人说而自己不想多参与，那么合议的质量就将大打折扣。在极个别情况下，合议还可能沦落为形式主义。⑥合适的讨论时间亦关乎合议质量。如果将合议设置在距离下班较近的时间段，一些法官就可能产生消极抵触情绪，甚

---

　　〔1〕　袁坚：《刑事审判合议制度研究》，法律出版社2014年版，第44~50页。

　　〔2〕　Lewis A. Kornhauser & Lawrence G. Sager, "The One and the Many: Adjudication in Collegial Courts", *California Law Review*, 81 (1993), pp. 1~10.

至可能简单地表达同意或不同意的看法，以减少工作拖延。⑦恰当的表达则是准确传递信息的必要条件。具备这些特点的信息将为高效的刑事合议提供前提和条件。

　　刑事合议的另一核心要素则是交流网络。典型的是一对一的沟通模式。[1]这种模式又可以包含文化模式、关系模式和位置模式。[2]在多人交流中，沟通已经不再是一对一的直线交流，而是随着人数的增多日趋复杂并最终形成一个复杂的网络。于是，这种网络又因成员人数、个体地位和作用等因素的不同而呈现出多种形态的结构，并最终产生不同的合议效果。这里需要说明的是，此处的人数指的是实际参与讨论的人数而非形式意义上的人数。例如，在我国的刑事合议实践中，三人合议庭虽是最常见的组织形式，但一些案件却需要提交审委会讨论甚至还需要院长审批，那么这里真正参与合议的人数就不是 3 人了，而是包含审委会和院长在内的所有人数。在承办人居中，并分别与其他成员交流，而其他成员之间几乎无实质性交流的结构中，由于承办法官发挥的作用显著大于其他成员，刑事合议效率较高，但此种结构不利于充分发挥所有成员的能力，以至于会影响疑难、复杂案件的审判质量。在院庭长担任审判长而承办法官无行政职务或行政职务低于上述人员的结构中，由于院庭长地位高于承办法官，承办法官往往会被审判长所牵引，此时的网络结构虽有利于提高合议效率，但却同样无法提升合议庭解决疑难、复杂问题的能力。在合议庭成员地位和作用均等的结构中，随着合议人数的增多，合议庭处理疑难、复杂问题的能力显著增强，但合议效率亦显著下降。[3]交流网络的结构启发了我们：只有在人数适当、成员地位和作用均等时，合议庭的交流网络才最

---

〔1〕 Peter R. Monge, "The Network Level of Analysis", in Charles R. Berger & Steven H. Chaffee (eds.), *Handbook of Communication Science*, Sage Publications Inc., 1987, pp. 243~245.

〔2〕 Peter R. Monge, "The Network Level of Analysis", in Charles R. Berger & Steven H. Chaffee (eds.), *Handbook of Communication Science*, Sage Publications Inc., 1987, pp. 239~270.

〔3〕 袁坚：《司法合议制度研究——以一审公诉案件合议庭的运作为视角》，西南政法大学2011年博士学位论文，第56~57页。

合理，其处理疑难和复杂问题的能力和合议效率才能得到双双提升。[1]同时，在处理简单案件时，承办法官居中并分别与其他成员交流的结构和院庭长居中心地位的结构虽不能显著提升合议庭处理疑难和复杂案件的能力，但却有助于提升合议效率。

（二）刑事合议的过程

刑事合议的过程往往围绕提出问题、分析问题和解决问题进行，无论是认定事实、确定罪名还是量刑。这一过程又可被进一步细分为确立规范和合议流程等环节。[2]

合议规范是确立保证刑事合议质量和完成合议的制度保障。如果没有规范，任由合议庭成员自主合议，则刑事合议的质量底线就无法得到保证，刑事合议的目的亦可能落空。我国最高人民法院先后制定了《最高人民法院关于人民法院合议庭工作的若干规定》《最高人民法院关于进一步加强合议庭职责的若干规定》等规范性文件以确保刑事合议活动的顺利进行。通过规范合议活动，合议庭成员实现了意见的聚焦和彼此的密切合作。例如，合议庭通常会提出需要合议的问题和需要暂时搁置的问题，从而促进合议效率的提高。

合议流程则包括定义并限定问题、依据证据分析问题、确立决策标准和优选决策方案等环节。在合议中，第一步需要实现的就是定义并限定问题。要讨论什么问题？是证据采信、事实认定、法律适用、量刑、程序选择还是合议的范围与约束条件？例如，面对可能作出无罪判决的案件，究竟是要以作出无罪判决结案还是建议检察机关撤回案件或者补充侦查？又如，合议庭对某些事项是否有权限合议，后续合议将在什么时间、什么地点又该在多长的期限内进行？这些问题的答案需要合议庭首先确定。第二

---

〔1〕 Paul H. Edelman, David E. Klein & Stefanie A. Lindquist, "Measuring Deviations from Expected Voting Patterns on Collegial Courts", *Journal of Empirical Legal Studies*, 5（2008）, p. 819.

〔2〕 袁坚：《刑事审判合议制度研究》，法律出版社 2014 年版，第 50~63 页。

步需要实现的则是依据证据分析。具体步骤主要包括轮流或由一名法官先介绍全部的证据信息，其他法官补充，然后再由各位成员围绕第一步确定的问题进行分析。如欲获得一个较高质量的裁判，则该步骤需要收集全部的证据并分析、了解相关案例和案件的社会影响并探讨第一步提出的问题与其他因素的关联性。第三步则是确立裁判决策标准。分析完第一步提出的问题，合议庭的成员也就纷纷提出了自己的意见，此时需要完成的是建立一套标准以筛选合理意见。这种标准应当涵盖：①理想的裁决方案应包含何种内容并舍弃何种内容；②在没有理想的裁决方案的前提下的一个可能的、合理的裁决方案；③裁决方案的社会效应。第三步则是优选方案。此时需要完成的是将裁决方案与裁决标准相比较，并选取最佳的方案。在一个较高质量的刑事合议中，此时需要从以下几个方面比较既存的多种方案：①该方案是否可行，是否已将问题最小化，其局限性为何；②该方案是否符合决策标准。

## 二、刑事合议效率的影响因素

刑事合议的效率主要取决于合议成员对知识和经验的掌握程度。然而，知识和经验并非仅有的效率影响因素。态度和行为方式也将在很大程度上影响刑事合议的效率。

（一）态度

刑事合议庭的裁决意见虽是法官群体智慧的结晶，但却离不开个体因素。合议庭成员的态度将直接影响合议的效率，而这些态度又涉及刑事审判的价值观和规则。这种态度主要可归结为是否积极、是否敢于保留意见、是否敢于批评和乐于接受批评。[1]

当合议庭组成后，为了顺利完成审判任务，合议庭成员就会形成对于合议的一种承诺和随之而来的责任感。这种承诺往往是以默示形式存在

---

[1] 袁坚：《刑事审判合议制度研究》，法律出版社 2014 年版，第 64~67 页。

的。它体现的是法官对于审判事业的担当和忠诚。一旦合议成员作出这种承诺，其便会为了完成高质量的合议任务而积极努力并形成责任感。然而，这种努力和责任感在不同成员之间却是不同的，即便是在单独的成员身上，在不同的时间段也有不同的体现。如果制度环境不完善，就可能使得一部分成员承担主要责任，而另一部成员却不承担或少承担责任，在这种环境下，合议的效率势必会受到影响。只有当合议成员均能够积极主动承担合议责任而不是寻求推诿责任或不愿过多投入时，合议的成效才会最高。这种积极性是影响刑事合议的重要因素。

是否敢于保留意见则是影响刑事合议的又一重因素。在合议过程中，合议成员能否在理性、客观的基础上提出个性化的意见，而不是随意附和他人则是检验合议质量高低的重要标准。随着合议程序的不断推进，在合议成员都提出自我意见的基础上，如果他们都能够充分考虑对方意见，并不断地修订、扬弃不当意见，那么合议的成果质量就会很高。然而，这是具有一定风险的：由于价值观念的不同，那些多次保留自我意见的法官有可能会被群体其他成员所憎恶甚至疏离，进而影响他的人际关系。因此，面对这种后果，保留意见的法官可能需要反复斟酌。当然，这种意见也不应是为了"独树一帜"彰显自我聪明才智而刻意提出，而是为了完成任务，在充分思索他人意见的基础上提出并保留的。否则，合议的效率也将因为成员之间的互不合作而陷入低效状态。

是否敢于批评和乐于接受批评也是刑事合议效率的重要影响因素。观点是法官断案能力的重要表现。它显示了一个法官的知识、经验和能力。因此，在合议时，为了显示自己观点的正确性，其往往需要驳斥其他成员的观点，而其他成员也会驳斥其观点。这就形成了批评与被批评的环境。因而，如何处理好观点的差异性，易言之，如何对待批评其他成员和被其他成员批评至关重要。

首先，批评的环境影响着批评能否发生。在比较陌生的群体之中，为了处理好人际关系，一个圆滑世故的人往往会选择既避免被人批评而隐藏甚至模糊化自己观点又不去批评尤其是"旗帜鲜明""声色俱厉"地批评他人，至少也要避免激烈的争论，采取委婉的表达方式，以避免伤害感情，除非其因受到了伤害而需要反击；而当对这一环境足够熟悉，以至于其认为彼此间可以包容这种争论和批评时，则会敢于进行批评。然而，这种包容的环境并不总是能够在工作的场景中营造。实践中，合议庭成员间相处时间的长短和这种包容环境的营造并非总是呈现成正比例关系，一些常年打交道的合议庭成员始终缺乏良好的感情和关系，甚至还可能存在矛盾。他们彼此间更多的只是基于工作的结合。其次，批评他人观点的时间点选择亦非常重要。批评意见应在合议庭多数意见形成前提出，且需要注意场合。否则，此时的批评亦会和因匮乏批评及在错误场合进行批评一样，伤及合议的效率。因而，必须把握批评的时机和场合。再次，批评应坚持避免中立的原则。既要实现合议的效率又要中立而避免批评他人观点是难以做到的。复次，高质量的批评还需要用观点检测程序。为了实现对某种观点正误的检测，合议庭成员需要深入思考自己所不赞成的意见并进行必要次数的辩论，以深入讨论决策的正误。最后，合议成员是否具备对待他人不同观点和批评意见的正确态度并足够理解亦至为重要。[1]

（二）行为方式

刑事合议成员的态度和行为方式密切相关。态度会在很大程度上决定合议成员的行为方式，行为方式亦会反映出合议成员的态度，但行为方式却并非完全由态度所决定。合议庭成员的言辞和表达等行为方式对刑事合议效率将产生重要影响。

一方面是合议成员是否积极发言。成员能否积极发言直接关乎合议质量。沉默的成员无异于在球场观看球赛的观众，而并非真正的合议参加者。同理，较少的发言往往意味着对于合议较少的贡献。当然，鼓励发言

---

〔1〕 袁坚：《刑事审判合议制度研究》，法律出版社 2014 年版，第 63~70 页。

不意味着所有成员的发言次数均等、时长均等，而应当允许能力突出的法官作出更多的发言。事实上，有群体的地方便总是存在优劣之分。这也必然存在于合议庭之中。只有能者多劳才能提升合议质量。此外，发言还需要紧密围绕问题，切中肯綮，而不能离题万里、隔靴搔痒。只有具备这几个要素的发言才是真正积极的发言，才能促进合议效率的提升。

另一方面是能否适当表达。尽管能否表达以知识、经验为前提，但能否使用一定的技巧进行适当表达亦是影响合议效率的重要因素。在高效的刑事合议中，往往存在着以下几个技巧。

其一，观点明确并直接陈述。语言的一大奥妙之处便在于它以直接或间接的方式表达。采用模糊语言、隐藏观点、虚伪表达亦是语言的重要运用形式。这种形式往往可以弱化或避免冲突、缓和人际关系、提升自我正面形象，甚至在一定条件下达到牵引和控制他人的意图，但却并不适合所有的场景。在刑事合议中，为了提高合议效率，应当提倡观点明确且直接陈述，而非间接表达，因为间接表达往往需要更多的揣摩时间和耐心，而这种特点则往往会影响效率。

其二，适当运用法言法语和抽象语言。为了较好地传递观点，运用法言法语可以凸显自我观点的重要性，而运用抽象的语言则能够使他人更迅速地知晓自我的总体观点。这些都可以提高合议的效率。

其三，适当地回应质疑。当一些新鲜却不太容易为大众所接受的观点被抛出时，发言者可能面临一定的质疑。因此，主动回应可能和已经出现的质疑才能够使自我观点得到更多的理解。

其四，逻辑清晰。只有表达观点时具备清晰的逻辑才容易为他人所接受。如果逻辑混乱，他人便容易陷入不知所云的语言泥潭之中而难以理解主要意图。

其五，准确表述。如果观点表述虽然明确但却不准确，尤其是涉及数据的信息表达失误，合议的效率也会受到影响。

### 三、高效刑事合议的特征

在刑事审判中，尽管高效的合议形态万千，有着诸多的影响因素，但他们仍然有着许多共同要素。这些要素对于我们深化刑事审判合议制度改革，提升合议效率有着重要意义。[1]

（一）合议成员能够积极评价和质疑他人意见

研究发现，在刑事合议中，如果各成员能够积极地评价他人的发言并质疑和形成良好互动，合议的效率就会高很多。例如，在课堂教学中，如果学生能够积极回应教师的提问并良好地互动，学生的学习效果就会较好，教师的授课往往就可以取得较好的效果。反之，如果学生均心有旁骛，鸦雀无声，注意力并未集中于听课，则该节课程授课效果较差。在刑事合议中，只有当合议成员均能积极参与，并不断回应发言人对于证据、事实、罪名、量刑和程序的看法时，形式合议的效果才会较好。因而，合议成员能够积极评价和质疑他人意见是高效刑事合议的重要特征。

（二）合议庭能够全面、严谨地评价所有裁决方案

在高效的刑事合议中，合议庭往往能够全面讨论所有裁决方案并作出严谨评价。合议庭通过将待选方案与预设标准不断进行对比，评析其利弊，以甄选出最佳方案。在这种甄选中，合议成员会不断检测各项事实是否有充足的证据予以证实，各项证据是否符合关联性、真实性和合法性，是否存在刑讯逼供的情形、罪名适用是否准确、量刑是否适当、程序是否妥当、对法律的理解是否准确无误、社会效果如何以及是否存在更为妥善的方案。相反，一个低效率的合议往往没有比较的环节，而是草率地对所有方案进行简单的讨论。可想而知，这样合议出来的裁决方案质量往往不高。

---

[1] 袁坚：《刑事审判合议制度研究》，法律出版社 2014 年版，第 70~72 页。

（三）合议庭成员能够准确、全面地分享案件证据信息

为了作出公正的裁决，准确认定案件事实是提高合议效率的前提。如何在刑事合议初始阶段即能够全面、准确分享案件证据信息是合议庭需要解决的首要问题。只有全面分享证据信息，才能集思广益，准确定罪和量刑。

（四）存在有积极的、正面影响力的合议成员

尽管高效的刑事合议需要所有合议成员的积极参与，但这并不意味着所有成员的发言分量均衡。尽管那些发言幽默、富有感染力的成员往往引人瞩目，但这并不必然使得其成为提供高质量意见的合议成员。然而，如果其能适当提问并介绍信息，通过及时提醒防止跑题，不断质疑并排除不当信息，依据法律、事实和法学理论提出适当的事实认定意见，而不是提出荒谬的建议、稀少而又不准确的信息和不当的推测，那么其就是一个有积极的、正面的影响力的而不是一个消极的、产生负面影响力的刑事合议成员。这样的成员越多，刑事合议的效率越高。

概言之，态度决定了每位合议成员的积极性，从而决定了他们的批判能力、求是态度和合议能力；行为方式则以语言交流、沟通技巧、质疑和回应反映着每位成员的态度。这两者结合起来共同影响着刑事合议的效率。刑事高效合议的特征激励着合议庭和每一位合议成员朝向这些方面积极努力。

# 第三章

# 刑事审判合议制度的历史流变与发达国家现状

以史为鉴，可以知兴替；以他为鉴，可以明优劣。探究刑事审判合议制度的历史流变有助于我们了解其产生和发展的规律，从而为我国刑事审判合议制度改革提供指导；展开中西比较，有助于我们进一步完善刑事审判合议制度。那么，刑事审判合议制度的历史流变如何？与此同时，发达国家刑事审判合议制度的现状如何、共性如何？运用经济分析看待发达国家的这些共性，我们又会得到怎样的启示？针对这些问题，下文将逐一探讨。

## 第一节　刑事审判合议制度的历史流变

### 一、西方国家刑事审判合议制度的历史流变

西方国家合议制度源于古希腊和古罗马。在古希腊雅典的民众法庭中，刑事审判合议制度得到了集中体现。据记载，遇有重大、特殊案件，民众法庭由各阶层近 6000 名公民组成，而法官则通常为 200 人或 500 人的陪审员。它常年举行民众审判。在案件审理完毕后，陪审员则一一投票，按照少数服从多数的原则决定被告人是否有罪及应当获得何种刑罚。例如，苏格拉底就以此种形式被判处死刑。[1]

在古罗马，同样存在人数众多的库利亚会议、元老院、百人团大会、

---

〔1〕〔美〕斯东：《苏格拉底的审判》，董乐山译，生活·读书·新知三联书店 1998 年版，第 210~222 页。

刑事法庭、陪审法院等审判组织。古罗马规定，所有判处公民死刑和剥夺身份权的案件均应通过库利亚会议进行审判。随着图里乌的改革，强调依据财产划分阶级的百人团大会则替代了库利亚会议，成为罗马最高法庭。到了罗马帝国时期，原本并不直接审理案件的元老院开始审理执法官或君主等人提起的控告及涉及元老院成员犯罪的案件并就被告人的犯罪与刑罚进行裁决，从此演变为司法机关。针对贿赂、渎职案件，古罗马规定应当组建陪审团进行审判。后来，刑事法庭审理范围扩大到了其他刑事案件。在这些机构中，法官为从公民中选出的 30 人~40 人，每名法官任期 1 年。当然，并非所有案件都是这样。501 人、1001 人、1501 人的陪审团往往用来审理普通刑事案件。[1]后来，随着帝制的发展，这些民众审判逐步被官员的专任审判所替代。

9 世纪以来，随着疆域的拓展，法国查理曼王朝的国王已经无法亲力亲为地审理所有案件。于是，"法兰西调查"（Frankish Inquest）成为一项新的制度。在该项制度中，国王需要挑选一批他所信赖的公民。然后，借助这些公民提供的各类信息来完成对贵族之间财产争议案件的审理。该项制度的确立是陪审制发展的里程碑事件。[2]

11 世纪中叶以后，英国成了真正意义上的刑事审判合议制度的代表。1066 年，陪审团制度被移植到英国。后来，英王亨利二世创立了重罪检控程序。这种制度要求从每百邑中推选出 12 名、从每个乡镇中推选出 4 名代表人士负责向郡长或王室巡回法官进行检控，而郡长或王室法官则负责询问和调查。这种检控团体被称为"控告陪审团"（the jury of presentment）。[3]这种情形虽然也是在行使刑事公诉，但却以集体的姿态行使，与今天的公

---

〔1〕　何勤华主编：《外国法制史》（第 5 版），法律出版社 2011 年版，第 18~20 页。

〔2〕　张仲侠：《审判团队——以合议庭审判资源配置与规则重构为视角》，人民法院出版社 2018 年版，第 18~20 页。

〔3〕　Ralph V. Turner, "The Origins of the Medieval English Jury: Frankish, English, or Scandinavian?", *Journal of British Studies*, 7（1968），p. 5.

诉情形颇为不同。[1]随着 1166 年国王法令的颁布，控告陪审团逐渐发展为案件的裁决者。1215 年，英国《自由大宪章》（Magna Carta）正式确立了陪审制，赋予了公民接受与自己同等的公民的审判的权利。1352 年，控诉陪审团与审判陪审团相分离。从此，陪审制正式在西方确立。[2]

随着资产阶级革命的爆发，民主共和成为西方的政治制度。为了抑制以往形成的法官专断，体现民主的合议制度成了西方各国司法改革的重要选择。多数国家确立了刑事审判合议制度。囿于环境的不同，早期的陪审团在英、美等普通法系国家和德、法等大陆法系国家分别逐渐演化为陪审团模式和参审模式。

## 二、中国刑事审判合议制度的历史流变

会审制度可以被视为我国古代的刑事审判合议制度。因而，会审制度的发展和变迁又可以代表我国刑事审判合议制度的历史流变。

我国审判合议制度萌芽于商周时期。在这一时期，疑难案件需要适用合议制审理形成制度；对地方上报的案件，法官必须先议后判；对法官（这里仅仅指司寇）上报的案件，应先由太师、太保等官员参审，再由周天子定刑；重大刑事案件则应当倾听官员和群众意见。[3]在我国，有文字可考的会审制度最早见诸出土的西周金文《琱生簋》。其铭文记载，在一起土地纠纷的处理中，法官曾征求其他官员意见。[4]同时，《礼记·王制》中出现了"王命三公参听之"。[5]易言之，周王让三公会审案件。这些记

---

〔1〕 Liu Zhuo, "Study on the Dynamic Mechanism of Environmental Public Interest Litigation in China", *Fresenius Environmental Bulletin*, 19（2020）, pp. 5408~5414.

〔2〕 袁坚：《刑事审判合议制度研究》，法律出版社 2014 年版，第 15~16 页。

〔3〕 张仲侠：《审判团队——以合议庭审判资源配置与规则重构为视角》，人民法院出版社 2018 年版，第 26~31 页。

〔4〕 巩富文：《中国古代法官会审制度》，载《史学月刊》1992 年第 6 期，第 14~15 页。

〔5〕 ［美］米尔伊安·R. 达玛什卡：《司法和国家权力的多种面孔——比较视野中的法律程序》，郑戈译，中国政法大学出版社 2004 年版，第 14 页。

载表明，若西周地方官吏审理案件后将案件移交司寇，复审时司刑和原审群士则需要会同司寇复审；无论是初审还是复审，都由若干法官共同负责。这种制度体现了西周明德慎罚和防止法官专断的司法理念。

秦汉时，合议制度包括会审制度和廷议制度。这种制度针对重大案件设立。在会审制度中，丞相、廷尉和御史中丞共同负责审理重大案件或与后妃、诸侯和公卿重臣有关的案件。这种制度史称"杂治""杂考"或"杂乱"。在审理谋逆等特别重大案件时，则实行"廷议"。此时，案件往往先由公卿议决弹劾并报请皇帝，皇帝不满意时则会交由丞相和三公九卿等共同审理。"杂治"是我国会审制度的肇始。

唐朝时，由于合议制度既可以制约皇权又可以体现慎刑思想，会审制度比较发达。此时的会审制度又发展为了"三司推事"和"都堂集议"。"三司推事"适用于大多数案件，而"都堂集议"则是最终的集体审判。当然，这种合议制度最终的裁决权往往由皇帝或特定官员掌控。

宋元时代则实行连职官员圆押的多人审判制度。在宋代，疑难案件、命官案件和死刑案件由司法部门分工复审；在中央大理寺实行专门官员分别负责审讯、复议和定罪量刑的制度；疑难案件审理意见不一致时，需要依次报请刑部、尚书省裁决，特别复杂的，实行由皇帝交由翰林学士、知制诰中书舍人、同平章事、参知政事、御史、谏官共同裁断的制度；对于徒刑以上案件，审理以后裁断之前需要未参审官员集体商议方可裁决，属于京师重大案件的，还必须依次报请特定级别的官员商议。元朝时，涉及蒙古军队的案件需要与蒙古管军官员商议方可裁决。明清时期又出现了针对全国性重大案件的九卿会审、三司会审、圆审、朝审、热审、秋审等合议制度。[1]

晚清以降至国民政府时期，审判组织大都沿袭德、法、日等国法律制

---

〔1〕 张仲侠：《审判团队——以合议庭审判资源配置与规则重构为视角》，人民法院出版社2018年版，第26~33页。

度，广泛推行合议制度。1925 年，为了体现司法民主，中共领导的省港罢工委员会制订了司法案件至少由 5 名会审员组成而又必须至少由 3 名会审员出席方可开庭的司法制度。由于制度变革的路径依赖性，[1]这种制度构成了我国当代刑事审判合议制度的基础。中华人民共和国成立后，《中国人民政治协商会议共同纲领》（1949 年）、《人民法院暂行组织条例》（1951年）、《宪法》（1954 年）和《人民法院组织法》（1954 年）均对陪审制度作出了规定。

### 三、对我国司法改革的启示

任何法律制度的产生、发展和消亡都有着自身的规律。刑事审判合议制度的中西方历史流变给了我们诸多启示。这些启示对于完善我国合议制度有着重要价值。

首先，移植法律制度要注重国情特质，切忌盲目。法律移植是一柄双刃剑。不当的移植不仅不会促进一国法律制度的发展和完善，反而会因成为"呆法""笨法"和"恶法"而阻碍法治进步或在实践中成为一纸空文。比较中西方刑事审判合议制度流变，我们会发现：尽管两者都长期处在封建制度之下，但司法环境和社会制度却存在着巨大差异。在西方封建制度下，封主（国王）与封臣尽管属于君臣关系，但由于封臣对其领地具有绝对的统治权，封臣有着相当大的自主权力。这直接导致国王不能触犯封臣的合法权利，否则就可能被封臣联合反对。同时，由于封臣们又形成了议事会，国王还必须接受封臣的建议。在漫长的封建岁月中，以英国为代表的西方诸国在大多数的朝代都维持着这种相对松散的君臣关系。与这一情形完全不同的是，中国封建王朝在多数朝代都维系着大一统的格局。尽管王朝不断更替，但新的王朝却依然拥有对于地方的绝对统治权。除了

---

〔1〕〔美〕道·诺斯：《制度变迁理论纲要——在北京大学中国经济研究中心成立大会上的讲演》，载北京大学中国经济研究中心编：《经济学与中国经济改革》，上海人民出版社 1995 年版，第 19~23 页。

三国、南北朝等短暂的朝代外，这种中央具有压倒性地位的央地关系得以长期维系。这种关系亦强化了我国历朝历代的管理型倾向。[1]因此，西方国家的刑事审判合议制度具有了更多的地方自主色彩，而我国的刑事审判合议制度则具有更多的中央职权色彩。[2]以当代视角省察我国古代的刑事审判合议制度，其可圈可点之处甚多，我国古代刑事合议体制并非没有自身的优势。[3]

其次，推进司法改革需要极大的勇气和决心。我国当代刑事审判合议制度所具有的行政化色彩有着悠久的历史渊源。在我国古代的合议制度中，司法与行政一体，侦查、控告和司法裁判的主体未能分离。无论是三公会审还是三司推事，抑或是九卿会审，凡遇到重大案件，向最高统治者汇报并听从最高统治者意见裁判始终是我国古代合议制度的最大特征。受长期的司法文化影响，当代进行的"让审理者裁判、由裁判者负责"的司法改革面临着极大的障碍和意想不到的巨大困难。这是司法改革者必须予以关注的重大国情。对此，改革者必须以"壮士断腕""刮骨疗毒"的巨大决心和勇气来对待以审判为中心的司法改革和司法责任改革，而不能顾首顾尾、迁延顾步，甚至是走回头路和开历史倒车。

最后，要加强改革方案的顶层法制建设。我国古代的会审制度长期按照皇帝和上级指示及惯例来进行，而至于如何会审、如何合议则往往语焉不详，存在更多的上级指导和恣意因素。[4]我国当下的刑事审判合议制度关于对合议庭如何考核、如何承担责任及如何处理审判监管与合议庭审判权自主运行关系也仅有数个司法解释而却没有形成完善的法律体系。然而，缺乏法律制度的统率、缺乏强有力的实施保障的司法改革却往往存在

---

〔1〕　［美］米尔伊安·R.达玛什卡：《司法和国家权力的多种面孔——比较视野中的法律程序》，郑戈译，中国政法大学出版社2004年版，第257页。

〔2〕　袁坚：《刑事审判合议制度研究》，法律出版社2014年版，第21~22页。

〔3〕　［美］杰罗姆·弗兰克：《初审法院——美国司法中的神话与现实》，赵承寿译，中国政法大学出版社2007年版，第36页。

〔4〕　袁坚：《刑事审判合议制度研究》，法律出版社2014年版，第22页。

巨大的落空风险。这就需要我们进一步强化刑事审判合议制度改革的配套法制建设。

## 第二节　发达国家的现行刑事审判合议制度

"他山之石，可以攻玉。"探寻发达国家刑事审判合议制度的现状和经验有助于更好地省察和观照我国的现实，并为我国刑事审判合议制度的完善提供指南。按照合议主体组成的不同，刑事审判合议制度又可被分为混合式合议模式、职业法官合议模式和陪审团合议模式三种合议模式。这三种模式广泛存在于全世界各个国家。其中，在发达国家，职业法官合议模式是各国普遍存在的合议制度，而混合式合议模式和陪审团合议模式则分别存在于大陆法系国家和英美法系国家。因此，下文将以这三种模式为分类来介绍和讨论发达国家的刑事审判合议制度。

### 一、发达国家现行刑事审判合议制度的三种模式

#### （一）职业法官合议模式

职业法官合议模式指由职业法官组成合议庭并对刑事案件进行审判、讨论、裁判和承担责任的一种模式。世界各国都存在这种模式。这种模式具有以下三个特点。[1]

其一，法官的准入门槛较高。发达国家对法官的任职资格要求较高。在发达国家，成为法官不仅需要法律专业知识和技能，而且需要丰富的法律职业阅历。在美国，只有在本科毕业且获得一个学士学位后才有资格报考法学院。如果要获得 J. D（法律博士），还需要完成 3 年的学业。以上只是成为法官的最低学历要求。要成为法官还需要较长时间的担任检察官、律师或法学教学与科研工作经历。例如，要成为美国联邦法院法官，不仅

---

〔1〕 刘世强：《刑事合议制度研究》，中国政法大学出版社 2014 年版，第 24~28 页。

需要取得律师资格，而且还需要 10 年以上的执业律师经历。此外，还需要良好的职业口碑和道德品质。在地方，州法院法官的资格要求虽然有所降低，但也只是略有降低，总体上和联邦法院法官一致。

在英国，法官几乎均从事过律师职业。大法官需要有至少 10 年的辩护律师或高等法院法官经验。正因如此，大法官几乎均来自高等法院，而高等法院法官则选拔自高级律师。

在德国，法官任职资格、实习要求和试用期要求都非常严格。为了担任法官，德国人需要完成 5 年的大学学业并通过第一次司法考试后方可开始在律所、普通法院和检察机关实习；在实习期间，其还必须通过 8 次口试和 8 次笔试方可参加第二次司法考试；通过第二次司法考试后，其才可以具备法官申请资格；申请法官资格后，其还需要通过 3 年至 5 年试用期方可成为一名正式法官。

日本类似于德国，主要通过司法考试和法律职业阅历提高法官的任职门槛。日本的司法考试号称"世界上最难的考试"，每年通过率不到 5%。其最高法院法官则要求从年龄 40 岁以上的法律实务职业者或者累计担任 20 年以上的法律教授、副教授中选拔。这些门槛将众多的法律毕业生排除在了法官职业之外。

其二，合议程序更为严格。在大陆法系国家，各国均对职业法官组成的合议庭合议程序作出了较之陪审团合议模式和混合式合议模式更为详细、严格的规定。较之大陆法系国家，英美法系国家虽然并未通过法律对此种类型合议庭的合议程序作出明文规定，但却以惯例形式要求合议庭严格执行。在公众朴素的认知中，只要法院遵循了正当程序，它的决定便具有权威。[1]遵守更为严格、繁琐的法定程序进行合议也成了职业法官制合议模式区别于其他合议模式的显著特征。

---

〔1〕 ［日］谷口安平：《程序的正义与诉讼》（增补本），王亚新、刘荣军译，中国政法大学出版社 2002 年版，第 12~16 页。

其三，合议庭组成形式多样化。在法国，轻罪案件一般由 3 名法官组成合议庭，重罪案件则多由 5 名法官组成合议庭。在法国最高法院，5 人制的合议庭是最常使用的，而由最高法院院长、业务庭长、其他职业法官组成的 19 人大合议庭和 3 人合议庭、7 人合议庭则是较少采用的。除了这些常规合议庭外，法国还存在共和国特别法庭、国家最高特别法庭等合议庭。在德国，法庭多由 3 人或 5 人组成。在美国，联邦最高法院所有案件的合议庭均由 9 名大法官组成。在日本，最高法院审理案件时分别组成大法庭和小法庭。这两种法庭均实行合议制度。大法庭由包括最高法院院长在内的 15 名法官组成，而小法庭则由 5 名法官组成。[1]

（二）陪审团合议模式

陪审团合议模式存在于美国、英国等普通法系国家。在这种模式中，普通公民组成陪审团审理、评议和裁判刑事案件。这种审判合议模式已经成为普通法系文化的重要内涵。

其一，这种模式赋予了被告人是否选用陪审团模式的选择权。[2]由于检察官提起公诉的目的在于获得胜诉以追究被告的刑事责任，而不在于获得法律真实，[3]同时陪审团裁判充满了神秘色彩而使得裁判结果存在各种可能，[4]因而在美国所有法院中，被告人均有权决定是否由案发地公民组成的陪审团进行迅速而公正的公开审判。《美国联邦宪法》第 3 条甚至明文规定，除弹劾案以外的所有案件均应由陪审团审判。[5]当然，作为一项权利，被告人有权放弃由陪审团审理案件而选择由职业法官审理（但须经政

---

〔1〕 ［日］田口守一：《刑事诉讼法》（第 7 版），张凌、于秀峰译，法律出版社 2019 年版，第 292 页。

〔2〕 刘世强：《刑事合议制度研究》，中国政法大学出版社 2014 年版，第 32～33 页。

〔3〕 J. D. Jackson, "Theories of Truth Finding in Criminal Procedure: An Evolutionary Approach", *Cardozo Law Review*, 45 (1988), pp. 475~485.

〔4〕 Michele Taruffo, "Rethinking the Standards of Proof", *The American Journal of Comparative Law*, 51 (2003), pp. 19~36.

〔5〕 陈瑞华：《法院改革中的九大争议问题》，载《中国法律评论》2016 年第 3 期，第 215～216 页。

府同意和法庭批准)。[1]

其二,陪审团成员筛选程序复杂。[2]在美国,大陪审团往往由 16 名至 23 名普通公民组成;普通陪审团由 12 名法官组成。陪审团成员来自被告所居住的社区,符合陪审团成员资格所要求的成年、无重大犯罪记录、听力正常和懂外语等条件的美国公民。法律要求其与被告人无利害关系并采取随机的方式予以选定。上述人员被选定后,会被法官和双方律师以提问和答辩的方式确定。必要时,法庭还会选定候补陪审员。对陪审员的选定又可分为有因回避和无因回避两种。有因回避申请需要向法官说明理由,其申请次数无限制;无因回避申请虽不需要向法官说明原因但却存在次数限制,最多不超过 20 次,而且要求陪审员不应存在种族或性别歧视。检察官和被告人可以大陪审团未依法抽答、召集或选任为由,对陪审团提出异议,也可以不符合法定资格为由对个别陪审员提出异议。[3]

其三,评议表决规则要求苛刻。[4]美国联邦和大多数州的陪审团制度均实行全体一致的裁决原则,只有极少数刑事审判实行多数一致的裁决原则。这一原则也得到了美国成文法的确认。《美国联邦刑事诉讼规则》第 31 条规定,只有陪审团全部成员达成一致意见方可形成裁决。针对重大、疑难、复杂案件,如果陪审团长期无法达成一致意见,那么就需要重新评议或解散陪审团以另行组成陪审团进行审判。无论是全体一致还是多数一致,贿赂多位陪审员总比贿赂一位法官要艰难。[5]尽管这一原则使得诉讼

---

〔1〕《世界各国刑事诉讼法》编辑委员会编译:《世界各国刑事诉讼法》(美洲卷),中国检察出版社 2016 年版,第 631 页。

〔2〕 刘世强:《刑事合议制度研究》,中国政法大学出版社 2014 年版,第 33~34 页。

〔3〕《世界各国刑事诉讼法》编辑委员会编译:《世界各国刑事诉讼法》(美洲卷),中国检察出版社 2016 年版,第 617 页。

〔4〕 刘世强:《刑事合议制度研究》,中国政法大学出版社 2014 年版,第 33~34 页。

〔5〕 Harry Kalven Jr. & Hans Zeisel, *The American Jury*, The University of Chicago Press, 1996, pp. 6~10.

周期拉长,消耗了众多的司法资源,但由于90%以上的刑事案件以辩诉交易方式解决,因而美国司法资源并未由于陪审团合议模式而遭受重创,反而由于致力于公正司法而为世人所津津乐道。

(三)混合式合议模式

大陆法系国家实行混合式合议模式。这种模式指由职业法官与普通社会成员组成混合式合议庭以从事刑事案件审理的模式。德国、法国和日本最为盛行这种模式。这种模式的特点如下:[1]

其一,职业法官与非职业法官混合办案。这种混合也使得此种模式与陪审团合议模式和职业法官合议模式相区别开来。与此同时,这种模式对普通市民在合议庭中所占的比例和人数并无明文规定。这种非职业法官参审模式得到了公众认可。[2]

其二,非职业法官选拔范围广,程序随意性强。在德国,非职业法官提名由地方行政机关行使,而地方行政机关有时又会交给政党。非职业法官任职资格条件较为宽松,主要包括是否有公职、年龄、身体健康与否、行为能力等条件。在遴选阶段,遴选委员会会按照广泛代表性的要求从各阶层合适人选中选拔。实践中,教师、官员、公益组织工作人员常常占据较大比例。总之,与陪审团成员相比较,无论是提名,还是遴选,德国非职业法官的选拔程序均较为粗疏,其任职资格的限制也较少。这也导致一些选拔出的非职业法官实际上并不具备审判能力。

其三,非职业法官独立性较差。较之美国陪审团合议模式,在混合式合议模式中,非职业法官履职更容易受到外来因素的干扰。首先,非职业法官往往较晚介入审判。职业法官往往会在审判前阅卷,而职业法官则往往一上来即参加审判。这容易使得非职业法官无法与职业法官同步获得审判信息,导致信息的不对等。其次,非职业法官往往因法律知识和审判经

---

[1] 刘世强:《刑事合议制度研究》,中国政法大学出版社2014年版,第37~39页。

[2] Sanja Kutnjak Ivković, "An Inside View: Professional Judges' and Lay Judges' Support for Mixed Tribunals", *Law & Policy*, 25 (2003), pp. 101~104.

验匮乏而容易受到职业法官意见的影响。现代审判是一项法律知识、经验和技术密集的职业。即便是事实认定，也需要遵循严格的证据认定规则。然而，囿于知识、经验和前文所述的审判信息匮乏的影响，在讨论案件时，非职业法官往往依赖于职业法官，其自身很难单独提出合适的裁判意见。据资料记载，在瑞典，非职业法官几乎总是同职业法官保持一致。[1]最后，非职业法官往往比职业法官人数少。尽管德国未对非职业法官在刑事合议庭中所占的比例和人数作出规定，但几乎全部合议庭的职业法官人数都比非职业法官人数多。这使得职业法官的意见往往是多数意见，而非职业法官的意见往往很难上升为合议庭意见。这也为引发"形合实独"的刑事合议庭合议风险提供了前提。

## 二、发达国家刑事审判合议制度的共性

随着民主共和理念的广泛传播，发达国家普遍确立了承载司法民主和权力制约价值的刑事审判合议制度。尽管各国的合议制度类型多元且日益精密，也存在不少差异，但却同样存在诸多共性。这些共性构成了发达国家刑事审判合议制度的一般规律。

其一，只有重大、疑难和复杂案件才适用刑事审判合议制度。在美国，根据联邦最高法院的判例，在刑事领域，陪审团裁判的范围仅限于被告可能会被判处 6 个月以上监禁刑的刑事案件。日本刑事案件案发率较低。在日本，只有可能判处 1 年以上徒刑、相当于监禁罪案件、死刑和无罪案件方可适用合议制度。在法国，5 年以上监禁罪案件被视为重罪案件，而只有此种案件才会适用合议制度。德国扩大了独任制的适用范围。[2]尽管由于刑事犯罪率不等，各国对重罪案件规定的范围并不一致，但这些规定

---

〔1〕 〔美〕H. W. 埃尔曼：《比较法律文化》，贺卫方、高鸿钧译，清华大学出版社 2002 年版，第 166~167 页。

〔2〕 章武生、杨严炎：《德国民事诉讼制度改革之评析》，载《比较法研究》2003 年第 1 期，第 89~99 页。

无疑都只将各国所认为的重罪案件纳入了刑事合议范围。在美国，多数州都直接设置了包括是否实行合议制在内的分流措施。[1]这告诉我们，刑事合议庭是极其宝贵的司法资源，将这种资源投放到简单、轻微刑事案件的审理中则是不恰当的。

其二，上诉审多采用合议制。在日本，刑事案件上诉审一律采用合议制度审理。在德国，《德国法院组织法》第 76 条则规定上诉审由 3 人陪审制或 5 人陪审制的合议庭负责。在英国，上诉案件通常由 3 名职业法官组成的刑事合议庭负责。在美国，联邦上诉法院审理上诉案件时一般也采用合议制度。[2]在法国，陪审制合议庭多采用 3 名职业法官和 9 名陪审员的方式组成。[3]

其三，审判、评议、裁判均由同一主体进行。无论是英美法系还是大陆法系，同一合议成员完成所有的审判、评议、裁判并承担审判责任是普遍通行的做法。首先，刑事评议主体必须亲自参加庭审，而不能通过查阅审判材料、听取合议庭其他成员意见的方式替代参加审理。这些发达国家均将亲历性作为庭审的重要原则。如果合议庭成员不参加庭审，其就不能进行评议和裁判工作。在英美法系国家，法庭往往还会在正式陪审团成员之外设置候补陪审员。如果正式陪审员在审判和合议环节均能正常出席，候补陪审员的工作任务就已经完成。相反，如果正式陪审员无法正常出席或中途退出庭审或合议环节，则候补陪审员递补为正式陪审员。在德国，法庭审理复杂案件时会安排一名或多名陪审法官全程参加庭审，并在原陪审法官庭审出现意外或不能参加评议时替代参加评议。其次，只有参加了庭审和评议的刑事合议庭成员才能够裁决案件。法院院长、庭长等任何法

---

〔1〕 Clemens Bartollas & Loras A. Jaeger, *American Criminal Justice：An Introduction*, Macmillan Publishing Company, 1988, pp. 304~356.

〔2〕 ［美］彼得·G. 伦斯特洛姆编：《美国法律词典》，贺卫方等译，中国政法大学出版社 1998 年版，第 301~361 页。

〔3〕 《法国刑事诉讼法典》，余叔通、谢朝华译，中国政法大学出版社 1997 年版，第 121 页。

院成员，如果其不参加庭审和评议，就不能裁决案件。同样，法院的其他审判组织也不能就其未参加庭审和评议的案件进行裁判。最后，只有正式的审判人员才能评议和裁判案件。例如，在德国，书记员可能会参加整个庭审甚至为了记录在评议时始终在场。然而，即便合议庭成员不能顺利完成庭审或出席评议会议，其也不能替代成为正式陪审员参与庭审或合议。在日本，参加评议的司法实习生无权发表审判意见并作出裁判，即便其全程参加了庭审和评议。质言之，即便出现意外情况，也只有陪审员、候补陪审员和组成合议庭的职业法官才可能参加评议并作出裁判。

其四，刑事合议庭及其成员能够独立裁判案件而免受不当干涉。独立裁判既意味着刑事合议庭在裁判时不受任何国家机关、社会组织或个人的影响，也意味着任何合议庭成员均遵从内心的诚实和良知进行裁判。其最基本的要求为"不介入、不施压和不妄评"。[1]在这些发达国家，由于三权分立的政治体制，司法机关具有极高的裁判权威；即便是最可能影响法官个案裁断的晋升制度、待遇制度和惩戒制度也无法影响司法独立。

在英美等实行陪审团制度的国家，陪审团具有较强的独立性。司法公正要求合议组织独立审判。合议组织通过集体决策，而不允许任何其他主体以任何理由干扰和影响决策。第一，陪审团与职业法官具有明确的分工。在大多数案件中，陪审团主要负责事实审理，法官则决定适用罪名和量刑等法律适用问题；对刑事案件，陪审团采用全体一致原则对事实问题进行讨论和表决；[2]在死刑等少数特殊案件中，陪审团还可以决定被告人是否有罪，甚至决定是否对被告判处死刑等问题进行讨论并决定是否适用死刑；[3]法官则负责量刑、解释法律和指挥庭审。第二，"陪审团的评议

---

〔1〕 刘世强：《刑事合议制度研究》，中国政法大学出版社2014年版，第30~172页。

〔2〕 贾志强：《人民陪审员参审职权改革的中国模式及反思》，载《当代法学》2018年第2期，第145页。

〔3〕 左卫民：《七人陪审合议制的反思与建言》，载《法学杂志》2019年第4期，第112页。

与裁判是绝对独立的。"〔1〕陪审团召开秘密和独立的会议讨论案件。陪审团在获得一份对事实的指导意见后，就会到密闭的会议室中。为了保证陪审团免受干扰，法警则会驻守在会议室之外。在此间，除法警外，无论是法官还是其他人员均不得进入陪审团所在的会议室；即便是陪审团需要请教法官或法官需要通知陪审团，也只能通过法警协调和传达。这种程序上的独立也是陪审团独立的重要体现。〔2〕第三，陪审团还可以拒绝适用法律。此项制度又名"法律无效制度"（Jury Nullification）。无论证据多么确凿，法律规定多么明确，陪审团都可以判处被告无罪，即便这和法律规定不一致。而且，英美法系国家实行禁止双重危险原则，原则上不得再次以任何理由对被告人进行追诉和审判。这些都使得陪审团的独立性得到了充分的尊重。

在美国，联邦司法系统的法官仅根据法院的不同而拥有不同的等级，分别为联邦地区法院法官、联邦上诉法院法官、联邦最高法院法官、联邦最高法院首席大法官，而无其他等级。"美国联邦法官等级提升的唯一途径是被选任为上一级法院的法官。"〔3〕在联邦法院系统，由于越高级别法院的法官职位越少，所以，美国联邦法官很少流动，而往往在一个位置终身任职。从数据上看，联邦上诉法院只有167名法官，而联邦最高法院则只有9名法官。同时，联邦法院法官任职实行终身制。在待遇上，美国联邦司法系统的法官最低薪酬为208 000美元，而一般公务员的最高薪酬为136 659美元。可见，联邦法院系统法官的待遇显著优于一般公务员。《美国联邦宪法》规定联邦法院系统法官终身任职，其报酬在任职期间不得减少。而且，《联邦薪酬条例》更是规定联邦地区法院法官与联邦国会议员相同，而联邦法院首席大法官薪酬则与美国副总统、联邦参议长和联邦众

---

〔1〕 刘世强：《刑事合议制度研究》，中国政法大学出版社2014年版，第30页。

〔2〕 宋冰编：《程序、正义与现代化——外国法学家在华演讲录》，中国政法大学出版社1998年版，第16页。

〔3〕 王禄生：《美国司法体制的数据观察》，法律出版社2018年版，第38页。

议长相同。较之联邦法院法官，美国州法院系统法官虽然低于联邦法院法官但也同样显著高于一般公务员。这种丰厚的薪酬保障了法官稳定任职且无需为生活需要而犯难，也促使其廉洁奉公而避免收受贿赂。

在法官惩戒制度上，对联邦法院法官的惩戒需经历提起申诉、该院首席法官初步审查、组成特别委员会正式调查、区司法委员会审查、呈送联邦司法会议、建议众议院发起弹劾等程序。实践中，很少有法官被区司法委员会审查，2011 年至 2016 年的 5 年间，只有 5 名联邦法官受到惩戒。严格的惩戒制度保障了法官很难受到肆意惩处，因而可以在个案裁判中独立行使职权。由此可见，在美国，刑事合议庭及合议成员独立裁判已经得到了充分的制度保障。

在德国，刑事合议庭对外具有充分的独立性。尽管法院院长是法院最高管理者和刑事审判庭的庭长，但其不得对合议庭裁判提出任何反对意见或作出批准或不批准的决定，合议庭的裁决即生效裁判。在法院外部，除了上诉法院可以审查法官是否违反法定程序审判外，任何人不得对法官的程序裁量权予以干涉。

当合议庭评议案件时，德国则实行秘密评议制度。这种秘密评议制度一方面为法官提供了一个不受干扰的环境，另一方面也有助于法官免遭报复，从而保障合议庭裁判的独立性。[1]当然，在职业法官合议模式中，无论是在合议庭内部成员之间还是在合议庭与外部机构、人员之间，合议庭的任何成员都具有充分的独立性，而在混合式合议模式中，非职业法官由于审判能力、经验和知识的缺乏，其往往容易依赖职业法官。然而，在笔者看来，这是由合议庭成员之间的能力差异导致的。这种较大差异也是混合式合议模式所固有的。然而，无论是在混合式合议模式中还是在职业法官制合议模式中，德国刑事合议庭对包含法院院庭长在内的外部人员和机

--------

〔1〕 李磊：《论合议庭评议十大规则》，载《贵阳学院学报（社会科学版）》2016 年第 3 期，第 47~48 页。

构的独立性都是很强的。

其五，刑事合议庭成员能够平等参与案件审理、评议和裁决。这些发达国家的刑事合议均实行平等参与原则。这一原则要求合议成员平等参加审判，而不存在显著优于其他成员的地位和权力；要求他们在合议环节均能够自由、平等地表达看法并充分阐述理由；要求他们平等投票以裁决案件。在这些发达国家，法院院长、庭长、陪审团团长作为合议成员参与案件审理时，并无任何优于其他合议成员的特权和地位。为此，《法国法院组织法》和《德国法院组织法》均规定裁判必须通过合议庭成员投票作出，且每位合议庭成员表决权相同。《法国刑事诉讼法典》第 357 条甚至还对秘密写票的桌子摆放要求、表决票包装的方式和投票的方式作出了细致的规定。[1]

在美国，当陪审团评议案件时，即使是陪审团团长也仅仅拥有组织和协调其他成员合议案件的权力，而并无其他不同于其他合议成员的权力。陪审团成员都可以做到基于自己的良知和诚实而自由地发表裁判意见并就裁判结果投票。这些国家也并未实行承办法官制度和审判长制度。在德国混合制合议庭中，普通公民不仅拥有对事实认定发表意见的权力，亦可以对法律适用发表意见；职业法官与普通公民共同履行审判职能，享有审判权，拥有同等的投票权和投票效力，承担同等的审判责任。

当然，这种平等参与并不意味着个别法官基于突出的能力而导致其意见具有较大的影响力，也不意味着职业法官的意见不能对非职业法官产生较大影响。从基本原理上看，合议成员平等参与案件的重点是形式和制度的平等，而不排斥某些合议成员所具有的较为强大的影响力。合议成员在整体上应具有基本均等的能力、经验和知识储备，但这并不能排除个别成员具有较高的语言表达、逻辑思维和人际交往能力。某位成员的意见往往

---

〔1〕 彭海青：《我国合议庭评议表决制度功能缺失之省思》，载《法律科学（西北政法大学学报）》2009 年第 3 期，第 132 页。

能够更多地被其他成员所接受并使得其他成员意见趋同并成为多数意见的情形亦可能出现。这种情形不应被视为合议成员特权的体现。合议成员应平等地参与审判过程，而不能拥有多于其他成员的特权。在审理阶段，每位合议成员都应全程列席审判而不应允许某一成员或某些成员不参加或者只参与其中的一段工作，亦不允许某一成员拥有超出其他成员的权力。[1]当然，这种权力不包括为组织审判而从合议成员中挑选出的、必要的主持者的"主持权"。在评议阶段，合议成员都拥有充分阐述自己观点和看法及其依据的权力，任何成员的此种表达权均不得被剥夺。在裁判决策阶段，所有成员都有同等的投票权。事实上，在混合制刑事合议庭中，非职业法官常常依赖于职业法官提出意见。只要合议庭成员发表意见是依据自我的良知和诚实而不是某种有别于其他合议成员的权力、地位或物质形成的压力或诱惑而作出的，这种参与就是平等的。

其六，刑事审判呈现出"合议制为辅、独任制为主"的趋势。在日本，是否采用合议制度主要由法官依据案情是否重大、复杂和疑难来自由裁量。在英国，陪审团只有在极少的案件中才会得到使用，只有新型、疑难案件才会适用合议庭审理。这是因为，为了应对大量的案件，法院不得不提高审判效率，而提高审判效率则又不得不扩大独任制适用范围，压缩合议制适用领域。这种限缩合议制适用范围的做法已在发达国家得到普遍实施。[2]

## 三、发达国家刑事审判合议制度共性的经济学观察

经济分析是评判法律制度的重要方法。在笔者看来，发达国家刑事审判合议制度的这些共性都具有重大价值和示范意义。它们实现了对于司法

---

〔1〕　张仲侠:《审判团队——以合议庭审判资源配置与规则重构为视角》，人民法院出版社2018年版，第36页。

〔2〕　梁平、刘春松:《司法改革背景下合议制面临的问题及完善路径探讨》，载《中共乐山市委党校学报》2016年第4期，第88页。

资源的最大程度的节约。不仅如此，这些共性还巧妙地实现了司法资源最佳配置与审判独立、司法公正的统一。

第一，它们实现了对司法资源的最佳配置和最大程度的节约。两大法系不约而同地将经济性作为制度设计的重要考量。[1]无论是只有重大、疑难和复杂案件方可适用刑事审判合议制度的原则还是"合议制为辅、独任制为主"的审判组织制度趋势，都实现了对于合议庭资源的节约化利用。事实上，作为一种群体性决策模式，这种决策模式在存在巨大优势的同时也存在着不少弊端。对它的正确利用所体现的正是经济学视角。

群体决策拥有巨大的优势。群体在创造力、概念把握和问题解决能力上往往更为出色（有时存在例外）。[2]例如，由于人口大量外流，我国农村地区的社会力量和村集体力量就普遍非常薄弱。相反，在城市郊区，即便是农村，由于外来人口大量聚集，社会力量和村集体力量比较强大。[3]群体决策可以弥补个体决策的局限性。作为社会的一员，单个个体在知识结构、逻辑分析能力、社会经验和文化背景上存在巨大差异，也都有着巨大的有限性。面对日益复杂的问题，个体决策就难免存在智识、经验、信息和分析能力等方面的不足。[4]即便是专家，也可能出现推理错误（reasoning fallacies）[5]和过于自信的疏忽。其决策结果亦存在较大的失误风险。故而，群体决策被普遍认为优于群体中最优秀成员的个体决策，[6]但这种优

〔1〕 顾培东：《诉讼经济简论》，载《现代法学》1987 年第 3 期，第 187~201 页。

〔2〕 D. Gigone & R. Hastie, "The Common Knowledge Effect: Information Sharing and Group Judgment", *Journal of Personality and Social Psychology*, 65 (1993), p. 65.

〔3〕 刘卓：《乡村犯罪矫正的枫桥"四治"模式及其启示》，载《中国农业研究》2019 年第 2 期，第 231 页。

〔4〕 Robert P. Abelson & Ariel Levi, "Decision Making and Decision Theory", in Gardner Lindzey & Elliot Aronson (eds.), *The Handbook of Social Psychology*, vol. 1, *Random House*, 1985, pp. 231~309.

〔5〕 Amos Tversky & Daniel Kahneman, "Extensional Versus Intuitive Reasoning: The Conjunction Fallacy in Probability Judgment", *Psychological Review*, 90 (1983), pp. 293~315.

〔6〕 Norman R. F. Maier & Allen R. Solem, "The Contribution of a Discussion Leader to the Quality of Group Thinking: The Effective Use of Minority Opinions", *Human Relations*, 5 (1992), pp. 277~288.

势却可能致使其水准低于群体中最优秀个体（当该个体水准高于群体平均水平时）。[1]着眼于优化决策和选择最佳决策方案，群体决策就成了不少社会主体的选择。通过群体决策模式，个体成员可以充分发表看法，从更多的方面、角度和层次对各种可能的方案进行肯定、批评和完善，从而更快捷地形成对该问题更全面、更深刻和更妥当的认识，以便于最终形成更佳的决策。无论是社会实践还是现代决策理论都已经对此予以了验证。同时，群体决策还蕴含了民主的基本要求，体现了现代民主的基本精神。

然而，群体决策也有着一定的弊端。这主要体现在以下几个方面：[2]

其一，群体决策往往使得参与成员的责任意识降低，在一定条件下更容易引发激进的决策。群体决策的风险由群体而非个人承担。因而，较之于个人，在通常情况下，由于均担风险，群体决策成员的风险明显降低，对决策方案的责任意识亦下降。在群体中，个性消失了，成了一种共同心理。[3]当追责机制被启动时，群体成员则往往以集体决策相推脱，而囿于"法不责众"的追责惯例，群体成员即便被追责，亦往往较之于个人而大幅减轻。伴随着这种责任意识的降低，当这种决策与群体成员自身切身利益的关联度较低时，群体更容易形成激进的决策。在一定条件下，群体决策的质量反而可能比个体决策低。

其二，群体决策效率较低，成本较高。各成员的参与使得讨论的时间得到延长，分歧增多。较之于个体决策，这种决策的效率势必降低。如果想要进行更为充分的讨论，决策就必须围绕分歧进行更为充分的讨论，而如果一些观点难以得到充分的理解，一些决策就可能长期难以形成。[4]例如，在美国，由于在规定时间内无法形成有效决议，一些陪审团最终只能被

---

〔1〕［美］斯科特·普劳斯：《决策与判断》，施俊琦、王星译，彭凯平审校，人民邮电出版社 2004 年版，第 186~187 页。

〔2〕刘世强：《刑事合议制度研究》，中国政法大学出版社 2014 年版，第 84~85 页。

〔3〕［法］古斯塔夫·勒庞：《乌合之众：大众心理研究》，冯克利译，中央编译出版社 2004 年版，第 11~12 页。

〔4〕刘峥：《我国合议庭评议机制的检讨及完善》，载《人民司法》2008 年第 21 期，第 7 页。

法院予以遣散，而重组陪审团只会消耗更多的司法资源和花费更多的时间。

其三，群体决策更为复杂。在群体决策中，个体意见是形成群体决策的前提。然而，这种意见却不仅仅是理性沟通的结果，亦可能是情感、成员关系等外在因素作用的结果。在理性沟通中，一些成员由于偏见和固执，可能长期无法接受反对者的意见。由于各成员之间亦可能存在恩怨，一些成员在决策时就可能无法摒弃前嫌而根据情感和关系来表达观点。还有一些成员则会因为价值取向等因素与其他成员不同而即便明知对方意见不存在缺陷，亦不会对其报以赞成，甚至会以"敌人所赞成的就是我们所反对的；敌人所反对的就是我们所赞成的"的态度来对待群体决策。基于此，最终决策方案的形成不仅仅是理性辩论和观点交融的结晶，甚至可能是互相妥协和谅解的结果。这些都使得群体决策较之个体决策更为复杂。

因而，从经济性的角度考虑，群体决策和个体决策都有着自身存在的空间。从短期经济性角度考虑，个体决策效率更高；而从远期经济性考虑，较之于个体决策，作出一个更高质量的、正确的重大决策往往更需要群体决策。正因如此，发达国家对刑事审判合议制度的运用遵循了必要性原则。因此，从这个角度来看，西方国家的这一制度设计和审判组织形式趋势颇值得我们深思和借鉴。

第二，它们正确处理了简化审判程序和实现司法公正的关系。正义与效率皆为刑事审判组织制度的核心价值追求。围绕正义与效率的关系，学术界先后提出了"对立说""主次说""相辅相成说"等学说。这些学说共同构成了我们对于正义与效率关系的认识基础。发达国家实行刑事审判主体同一和上诉审一般采用合议制的做法则分别体现了司法正义对于司法效率的包含和司法效率对于司法正义的蕴含。

其一，审判、评议和裁判均由同一审判主体——刑事合议庭——负责的制度体现出司法效率蕴含着司法正义。

在西方，经济学者常通过对稀缺资源的分配来界定效率。由于资源的稀缺性和多种用途，资源的不同配置则会产生不同的收益，而效率则是对资源投入与产出关系的定义。当投入最少而又产出最高时，我们就会认为这是资源最有效率的配置。同理，如果收益不变而投入最少或者投入恒定而收益最高，我们也同样认为这是最有效率的。在西方经济学者的视域下，普遍通行的效率定义为无论怎样重新配置资源都无法使得某种经济个体更好而不伤及其他，或者使某些经济个体在无损其他人的前提下获得更高的效益。当然，亦有不同的定义。例如，卡尔多就将受益者补偿受损者后仍有盈余的资源分配方案视为效率，而希克斯则将效率指称为社会福利的增长。易言之，在卡尔多和希克斯看来，效率不仅意味着资源的最佳配置，还意味着资源配置的优化，即便这种优化方案并非最佳的选择。

　　就正义与效率的关系而言，它们更类似于"做蛋糕"与"分蛋糕"。效率的意义在于将社会财富（也即"蛋糕"）做大，从而为财富的分配打下基础；正义的意义则在于合理地分配社会财富，也即分配"蛋糕"。而值得注意的是，这里的合理分配也需要效率，而不仅只是正义的问题，而如何分配则又从根本上影响着社会财富的增量。只有合理的分配才会提高社会成员的生产积极性，从而最大限度地将"蛋糕"做大。故而，就社会财富的分配而言，效率和正义总是一致的。社会制度优劣的标准即在于它能否促进社会财富总量的增长。作为一项关于权利、义务、权力和社会财富的分配制度，评判法律好坏的一项重要标准同样应是是否可以增进社会财富的总量。社会的正义与不正义、社会制度是否有效率的问题就可以转化为是否可以促进社会财富总量增长的问题。社会福利的增长直至最大化的实现即成为正义和效率的一种标准。同时，由于各类法律关系的主体亦都以实现自身利益最大化为追求，因而他们可以按照正义原则追求并实现自身利益的最大化。在这一利益的追求过程中，正义和效率实现了统一。正义亦从抽象走向了具象。只有将正义与效率相结合，才能实现法律从字里行间走向生动的现实实践。正如大卫·弗里德曼所言："在很多的情况下，我们认为是公正的原则正好符合那些根据我们的观察是有效率的原则。这意味着一种推断，即我们所称的那些正义的原则实际上可能即产生有效率的结果所需的各种原则的重要组成部分，是一些被我们内化了的原则。"〔1〕这样的理论同样适用于刑事司法领域。概言之，司法效率蕴含着司法正义。

反观发达国家由同一审判主体——刑事合议庭——完全负责所有审判事务的制度，其事实上也是对于司法程序的一种简化。这种合议庭独立处理并负责所有审判事务的制度减少了案件处理的环节，压缩了案件经办的流程，减少了办案人员。这也就实现了司法资源的优化配置和制度效益的提升。

其二，发达国家上诉审多采用合议制度的现象则体现出了司法正义对于司法效率的包含。

自人类社会形成以来，正义始终是受到普遍重视的价值观念。古典正义理论有着丰富的内涵。在亚里士多德看来，正义包含"普遍的正义"和"特殊的正义"两种。〔2〕"普遍的正义"即是对体现着城邦官员、公民和贵族共同利益的法律的遵守，因为只有如此才能实现他们共同利益的最终追求——幸福。〔3〕"特殊的正义"则包括分配正义和矫正正义。分配正义即以个体功绩为标准向城邦公民分配财物。"矫正的正义"即对"特殊的正义"的一种补充、纠偏和完善。"矫正的正义"既可以包含刑事内容，亦可以包含民事内容。刑事内容主要指对行凶、抢劫、强奸、伤害、盗窃、谋杀等犯罪行为的刑事处罚，以实现对于城邦公民权利和利益的保障；民事内容则主要指抵押、质押、买卖、转让等民事行为对于财物依据公民自主意愿的再次处理。

---

〔1〕［美］大卫·D. 弗里德曼：《经济学语境下的法律规则》，杨欣欣译，龙华编校，法律出版社 2004 年版，第 20 页。

〔2〕王海军：《刑事审判模式的经济分析——以当事人主义为中心》，中国政法大学出版社 2013 年版，第 37~38 页。

〔3〕 Aristotles, *Nicomachean Ethics*, (tran. and ed.) by Roger Crisp, Cambridge Press, 2000, p. 82.

近世以降，以大卫·休谟、边沁等人为代表的资产阶级相继提出了符合资本主义发展需要的正义理论。[1]在休谟看来，正是人性的自私、有限慷慨与大自然为人类所提供的有限资源的供应不足之间的矛盾促使了正义的产生；自私和同情分别是正义的动机和德性来源；正义并非绝对真理，而只是人类适应为人处世的需要而自定的道德，其作用则在于保护财产权；政府成立的意义在于促进社会稳定和强化人们对正义的遵守；正义的唯一来源是公共福利，属于关于基本福利分配的一些规则。正是在这些认识的基础上，他最终提出正义即是人们各得其所的一些自然法则。边沁则提出了功利原则。他认为，符合"最大多数人的最大幸福"的行为都符合功利原则，符合正义的要求；立法活动的根本目标在于通过确立"平等""安全""富足""生存"等内容的法律意义来实现功利的最大化；经济效率的增长需要法律机会的均等；人类的发展需以财富的不平等分配为前提，否则人类就失去了奋斗的动力，丧失了发展的效率。

罗尔斯则以社会属于平等自由的公民为各自利益而奋斗的事业为基础而提出了正义原则。[2]他认为，正义即规范社会成员参与社会生活的基本规则，而这些规则则是社会良性运转的必备工具。为此，他又提出了正义的第一原则和第二原则，也即"平等自由原则"和"'差异原则''公平之机会平等原则'相结合原则"。

这些理论论述为我们探寻正义的含义提供了镜鉴。他们无一不是体现着对效率的追求。从亚里士多德的按法律规则分配和矫正相结合的正义观到大卫·休谟正义即各得其所的分配的正义观，从边沁的最大多数人的最大幸福的正义观到罗尔斯的平等自由、机会均等和差异分配的正义观，皆体现着对效率标准的阐释。或者，正如罗尔斯所言："正义的第二种含义——也许

---

[1] 王海军：《刑事审判模式的经济分析——以当事人主义为中心》，中国政法大学出版社2013年版，第38～39页。

[2] 王海军：《刑事审判模式的经济分析——以当事人主义为中心》，中国政法大学出版社2013年版，第39页。

是最普遍的含义——是效率"[1]，我们还可以将司法正义理解为司法效率。如果说公正充满了主观性，那么效率便充满了客观性。[2]刑事司法领域亦如此。这也正是笔者所坚持的观点，只有符合正义的刑事司法才是最具有效率的。

正是基于司法正义包含司法效率的认识，这些发达国家的刑事审判并非为了追求司法资源的节约和司法效率的提高而一味拒绝使用合议制度。为了实现司法案件审判质量的提升，发达国家上诉审多采用合议制。然而，这种合议制又何尝没有包含司法效率？如果没有公正地处理被告人存在争议的案件（以此类案件为主），那么后续可能引发的社会舆论指责所造成的淹没成本可能会更为沉重，甚至超出对上诉案件不实行合议制审理的成本。

第三，它们体现出了发达国家对于司法效率和审判独立与平等参与合议关系的准确把握。法官的被动性是维系其中立地位的必然要求。[3]刑事裁判独立是提高司法效率、实现审判公正的必然要求，有利于实现司法公正，而法官平等参与刑事合议制审判事务则是博弈论所要求的、提升司法效率的必由之路。对此，下文第五章——刑事合议庭分工和考核制度的完善与第六章——审委会与合议庭关系的厘正将作详细阐述，此处不赘。

---

〔1〕〔美〕理查德·A. 波斯纳:《法律的经济分析》（上册），蒋兆康译，林毅夫校，中国大百科全书出版社1997年版，第31页。

〔2〕 H. L. Feldman, "Objectivity in Legal Judgment", *Michigan Law Review*, 92 (1994), pp. 1187.

〔3〕 Samuel R. Gross, "The American Advantage: The Value of Inefficient Litigation", *Michigan Law Review*, 85 (1987), pp. 734~752.

# 第四章

# 中国刑事审判合议制度的考察

我国刑事审判实行以合议制为主的组织制度。作为基本的审判制度，刑事审判合议制度是保障司法民主的重要手段，并被不少人认为是提升刑事裁决质量的重要工具。因而，它在刑事审判中居于至关重要的地位。然而，它并非独立运行的个体，它的运行与其他司法制度有着密切关系。我国刑事审判合议制度长期受到其他因素的重大影响，并形成了被学界称为"形合实独""审判分离"和"裁而不审"的现象。

随着中央司法体制改革的进一步深化，尤其是随着《司法责任制意见》的出台，"让审理者裁判，由裁判者负责"的改革要求得到了进一步贯彻，刑事审判合议制度的独立性得到了一定程度的增强。然而，在笔者看来，这些改革还不够彻底，刑事审判合议制度仍蕴含着巨大风险。

## 第一节　刑事审判合议制度的优势

在刑事审判中，合议制度有着诸多优势。尽管在效果上，合议制度并不总是会产生合格的裁判，甚至在特定情况下还会拖延审理，但它依然有着独任制所难以比肩的优势。除了前文所提到的功能与价值外，这种优势还表现为：

其一，案件越是疑难、复杂程度越高，合议制度的优势越能彰显。在处理简单案件时，合议制往往并不能比独任制更有效率，甚至还会因为较多的讨论而消耗更多的时间和司法资源。然而，在疑难、复杂案件的处理上，单个法官往往会因为信息、知识、能力和经验的不足而捉襟见肘。即便是一个优秀法官，在一些难度较大的疑难、复杂案件中，亦可能会出现犹疑不定、过度自信、因个别疏漏而错误推理等现象。采用合议制度进行集体讨论就可以在一定程度上弥补这种不足。[1]例如，群体往往能够那样完整地重现庭审中的各类信息，而个人对这种信息的掌握就难免不如群体更为完整、全面和准确。[2]通过群体讨论，这种个体成员的偏失就有可能被个体自主纠正或被群体所抛弃。[3]群体讨论甚至可以超越简单的一对一相加。在讨论的过程中，合议成员甚至可能产生创造性的裁决方案。正因如此，合议制度才会在世界各国各领域被广泛采用。例如，合议制也是德国联邦审计院遵循的工作原则。[4]

其二，在疑难案件的处理上，合议制度能增强法官裁决的信心，从而更有利于裁决。[5]凯尔森曾说："法官通常是独立的，即，他们只从属于法律而不从属于上级司法或行政机关的命令（指示）。"[6]这句话启示我们，法律是法官最大的依靠。然而，在现实中，即使排除了社会舆论及政治势力的干扰，由于法律的滞后性及抽象性，法律制度总是会留有一些模糊的"灰色空间"。这种模糊性常常会使得法官具备一定的自由裁量权，

〔1〕 徐胜萍、张雪花：《司法改革语境下合议制度理论的借鉴与重构》，载《法学杂志》2017 年第 12 期，第 101 页。

〔2〕 Dimitri Landa & Jeffrey R. Lax, "Disagreements on Collegial Courts: A Case-Space Approach", *Journal of Constitutional Law*, 10 (2008), pp. 325~329.

〔3〕 张雪纯：《合议制与独任制优势比较——基于决策理论的分析》，载《法制与社会发展》2009 年第 6 期，第 110 页。

〔4〕 周维培：《德国联邦审计院的司法特征及样本意义》，载《审计研究》2016 年第 3 期，第 4 页。

〔5〕 Frank B. Cross, "Collegial Ideology in the Courts", *Northwestern University Law Review*, 103 (2009), pp. 1425~1426; H. W. Perry Jr. et al., "Interaction and Decisionmaking on Collegial Courts: A Panel Discussion", *Judicature*, 71 (1988), pp. 339~344.

〔6〕 辛辉、荣丽双主编：《法律的精神：法律格言智慧警句精选》，中国法制出版社 2016 年版，第 338 页。

并面临何去何从的选择困惑。即便已经选定了某种方案，其也很可能会面临信心不够坚定的困境。如果实行合议制度，通过他人的赞同、肯定和鼓励，其作出这种决断并最终上升为合议庭意志的信心就可能会显著强化。

其三，合议制度有助于提高刑事司法裁判的社会认可度。裁判是决策的体现。英国学者乔纳森·科恩曾在《自由的证明》中提出："在这种文化传统下，唯一能够确保公众普遍接受司法判决的方法就是与之相应地尽量给人们以运用人类共有理念的自由，而不是给人们以法律上的约束……总之，没有普通人的参与，或者说根本没有普通人审核所认定之大多数事实的可能性，那么现代法律制度就有可能危险地从其所属的社会中异化出来。"[1]可见，无论何种决策，如果其难以为他人或者多数具有关键性地位和权力的人所接受，那么这种决策就是失败的。它也就失去了自身存在的价值和意义。刑事司法裁判亦是如此。如果裁判难以为公众甚至是上诉法院或再审法院所接受，那么这样的裁判就存在为上诉审或再审所推翻的风险。对于当事人来说，这样的裁判即便拥有着广博的信息并且是公正的，其价值也要大打折扣。因此，邀请他人参与审判合议和决策，能够使得其他参与者充分地了解并理解裁判作出的合理性，亦有助于使得更多的人借助参与者的言论而更充分、更准确地理解裁判决策，从而使得裁判更容易为公众所接受。当然，公众更容易接受的前提是裁判决策的参与者能够认可裁判决策主导者的意见而不是持反对态度。

总之，尽管刑事审判合议制度亦存在一定的不足，但在对待疑难、复杂案件时，它有着独特的魅力。较多地适用刑事审判合议制度处理疑难、复杂刑事案件成了各国的普遍经验。刑事审判合议制度的优势激发着我们进一步完善制度，用好合议机制。

---

[1] 辛辉、荣丽双主编：《法律的精神：法律格言智慧警句精选》，中国法制出版社2016年版，第332页。

## 第二节　刑事审判合议制度的缺陷

### 一、"形合实独"下的合议程序消解

自确立合议案件承办人制度以来，在合议制审理的案件中，我国承办法官长期拥有着较大权力。刑事合议庭长期存在着"先斩后奏""顺从投票"[1]"作同意与否的简单表决""陪而不审"等"形合实独"现象。承办法官往往在承担案件办理主要责任的同时，亦主导着案件的审理、评议和裁决，[2]造成了刑事审判合议制度普遍存在被架空和"形合实独"现象。

2015 年以来，尽管我国先后出台了若干涉及法官司法责任制度改革的规范文件，以纠正合议庭中承办法官拥有过多、过大权力的问题，然而，这种纠正并不全面、彻底，"形合实独"的现象虽有所减少，但仍很普遍。[3]承办法官仍然处于合议庭的中心地位，消解着合议程序。这种现象的继续存在离不开现行制度设计的诟病。

第一，承办法官承担着合议庭主要的实质性审判任务。尽管法律规定合议庭承担审判任务，但在刑事合议庭内部，承办法官却承担着从受理到审结的几乎所有的庭前、庭审、评议、汇报和判决书制定等事务，并往往主导着案件的裁判。[4]同时，其还承担着比其他成员更大、更关键的责任。[5]

〔1〕 张仲侠：《审判团队——以合议庭审判资源配置与规则重构为视角》，人民法院出版社2018 年版，第 42 页。

〔2〕 李昌超、詹亮：《合议庭评议制度的理性反思与制度建构》，载《湖北民族学院学报（哲学社会科学版）》2017 年第 3 期，第 119 页。

〔3〕 刘红宇：《深化合议制改革 告别"合而不议"》，载《人民政协报》2015 年 5 月 14 日。

〔4〕 邓栩健：《合议庭少数意见在"少数服从多数"评议原则下的价值探究》，载《山西省政法管理干部学院学报》2018 年第 1 期，第 108 页。

〔5〕 陈瑞华：《正义的误区——评法院审判委员会制度》，载《北大法律评论》1998 年第 2期，第 388 页。

因而，可以说，承办法官承担着主要的实质性审判任务。

首先，承办法官承担着基本的审判任务。这种审判任务包括庭前、庭审、庭后三个阶段。具体而言，包括审前准备工作的主持或指导、主持或协助庭审、评议案件并提出初步意见、制作裁判文书或指导法官助理起草等。[1]可以说，承办法官的工作贯穿整个审判过程。

其次，《最高人民法院司法责任制实施意见（试行）》（以下简称《司法责任制实施意见》）再次扩大了承办法官的职权。《司法责任制实施意见》第9条则又进一步扩大了承办法官的职权。[2]第28条将"提炼争议焦点"工作安排给了承办法官。[3]其第30条将承办法官对辅助人员的指导内容进一步细化。[4]第39条又赋予了承办法官以类案检索、报告制作权。[5]第40条进一步规定了承办法官依据类案检索报告对案件进行释明或提请讨论的职责和权力。[6]通过该意见第42条，承办法官又被赋予了

---

〔1〕《司法责任意见》第16条规定："合议庭审理案件时，承办法官应当履行以下审判职责：（1）主持或者指导法官助理做好庭前会议、庭前调解、证据交换等庭前准备工作及其他审判辅助工作；（2）就当事人提出的管辖权异议及保全、司法鉴定、非法证据排除申请等提请合议庭评议；（3）对当事人提交的证据进行全面审核，提出审查意见；（4）拟定庭审提纲，制作阅卷笔录；（5）自己担任审判长时，主持、指挥庭审活动；不担任审判长时，协助审判长开展庭审活动；（6）参与案件评议，并先行提出处理意见；（7）根据合议庭评议意见制作裁判文书或者指导法官助理起草裁判文书；（8）依法行使其他审判权力。"

〔2〕《司法责任制实施意见》第9条规定："承办法官应当履行以下审判职责：……（8）指导审判辅助人员落实院党组关于网上办案、司法公开、电子卷宗、案卷归档等工作要求；……"

〔3〕《司法责任制实施意见》第28条规定："……承办法官一般应制作阅卷笔录、提炼争议焦点、拟订庭审提纲。"

〔4〕《司法责任制实施意见》第30条第1款规定："承办法官应当指导法官助理或书记员及时将案件审理过程中采集的当事人信息录入办案平台，包括被申诉人、被申请人的证件号码、手机号码、送达地址等信息。"

〔5〕《司法责任制实施意见》第39条规定："承办法官在审理案件时，均应依托办案平台、档案系统、中国裁判文书网、法信、智审等，对本院已审结或正在审理的类案和关联案件进行全面检索，制作类案与关联案件检索报告。检索类案与关联案件有困难的，可交由审判管理办公室协同有关审判业务庭室、研究室及信息中心共同研究提出建议。"

〔6〕《司法责任制实施意见》第40条规定："经检索类案与关联案件，有下列情形的，承办法官应当按照以下规定办理：（1）拟作出的裁判结果与本院同类生效案件裁判尺度一致的，在合议庭评议中作出说明后即可制作、签署裁判文书；（2）在办理新类型案件中，拟作出的裁判结果将形成新的裁判尺度的，应当提交专业法官会议讨论，由院庭长决定或建议提交审判委员会讨论；

传阅案件材料的职责。[1]通过第 53、54 条,《司法责任制实施意见》还赋予了承办法官的文书送达和文书公开的指导权。[2]该意见第 55 条又将网络办案的任务赋予了承办法官。[3]

概言之,尽管合议庭成员具有阅卷、参与和评议的同等职责和权力,[4]但承办法官却拥有着远超其他成员的全方位的审判职责和权力。在庭审前,无论是开庭准备工作和其他审判辅助工作的主持或指导,还是管辖权异议等程序性事项的处理提请等事项均由承办法官负责。在庭审中,庭审的主持、指挥均由承办法官完成或协助完成,而其他合议庭成员则并无这类职责。在庭审后,承办法官不仅承担着类案检索、检索报告撰写、类案处理、裁判文书制作或起草指导,而且还负责着先行提出处理意见和辅助人员落实网络办案、文书送达、公开和归档等工作的指导;承办法官还拥有着网络办案节点管控等其他审判权。当承办法官担任审判长时,他的职责和权力则会得到进一步的增加和拓展,拥有着在必要时向专业法官会议和审委会提交讨论的职责和权力。个别地方人民法院甚至存在"三人办案,一人出庭"(指承办法官承担庭审,而其余法官象征性出庭和参与)现象。[5]正

---

(接上页)(3)拟作出的裁判结果将改变本院同类生效案件裁判尺度的,应当报请庭长召集专业法官会议研究,就相关法律适用问题进行梳理后,呈报院长提交审判委员会讨论;(4)发现本院同类生效案件裁判尺度存在重大差异的,报请庭长研究后通报审判管理办公室,由审判管理办公室配合相关审判业务庭室对法律适用问题进行梳理后,呈报院长提交审判委员会讨论。"

〔1〕《司法责任制实施意见》第 42 条规定:"承办法官应当将所有案件材料上传办案平台,确保其他合议庭成员在评议前通过办案平台查阅有关卷宗材料。"

〔2〕《司法责任制实施意见》第 53 条规定:"承办法官应当督促指导法官助理或书记员及时送达法律文书,准确填报送达方式、送达时间、结案方式、结案案由等信息。"第 54 条规定:"裁判文书送达后 7 个工作日内,承办法官应当督促指导法官助理或书记员完成拟公开裁判文书的技术处理和裁判文书上网公开工作。公告送达的,公告后即可公开。"

〔3〕《司法责任制实施意见》第 55 条规定:"承办法官应当严格落实网上办案工作要求,确保案件审理的全部案件材料网上运转、全部流程节点信息完整、内容准确。"

〔4〕《司法责任制意见》第 17 条规定:"合议庭审理案件时,合议庭其他法官应当认真履行审判职责,共同参与阅卷、庭审、评议等审判活动,独立发表意见,复核并在裁判文书上签名。"

〔5〕刘琰图:《论合议庭"形合实独"的现状与出路》,载《河南科技学院学报(社会科学版)》2017 年第 9 期,第 87~88 页。

因如此，承办人职责过多、职权过大事实上在一定程度上剥夺了当事人申请回避等诉权，极易引发程序问题，[1]从而导致合议庭"陪而不审、合而不议"。

第二，当院庭长未实质性参与合议时，承办法官拥有着优于其他合议法官的权威和影响，并往往主导着合议庭的评议和表决。当院庭长参与合议时，他的意见对于合议庭评议和决策拥有强大影响力。《司法责任制实施意见》第5条第2款则又再次强化了其对于合议庭的影响力。[2]在此，笔者主要针对院庭长不参与合议庭的情形作一探讨。《司法责任制实施意见》第43条在确立承办法官对案件事实认定负主要责任的同时，亦确立了承办法官评议案件时的优先表达权。[3]由于对案件未给予足够的关心和了解，加之缺乏足够的动力和压力，合议庭的其他成员在合议中可能只是简单地同意承办人意见，裁判结果基本上取决于承办法官。[4]因而，合议庭成员事实上是不平等的。刑事合议变成了一种走形式、走过场。[5]在司法责任制改革的背景下，这种现象依然存在。

第三，在有人民陪审员参加的合议庭中，职业法官主导评议和表决的现象往往更为普遍。这导致了刑事审判合议制度和陪审员制度在一定程度上的空转，并同样形成了刑事合议的"名存实亡"。在这种合议庭中，合议制已化为独任制。[6]一方面，人民陪审员与职业法官在合议庭中的职权

---

〔1〕　张仲侠：《审判团队——以合议庭审判资源配置与规则重构为视角》，人民法院出版社2018年版，第55页。

〔2〕　《司法责任制实施意见》第5条第2款规定："院长及其他院领导、庭长、副庭长参加审判案件，由其担任审判长。"

〔3〕　《司法责任制实施意见》第43条规定："承办法官对案件事实负主要责任，应当全面客观介绍案情，说明类案与关联案件检索情况，提出拟处理意见。"

〔4〕　[美]劳伦斯·鲍姆：《法官的裁判之道——以社会心理学视角探析》，李国庆译，北京大学出版社2014年版，第16页。

〔5〕　王韶华：《合议制改革之我见》，载《人民法院报》2014年11月26日。

〔6〕　陈莉：《"形合实独"的实践困局与制度转型——以基层法院的民事诉讼程序为对象》，载《南京大学法律评论》2019年第1期，第282页。

不对等。这种不对等从相关法律和司法解释中即可看出端倪。《人民陪审员法》第 14 条[1]不仅意味着人民陪审员所能参与的合议庭只有三人合议庭和七人合议庭，而且意味着，人民陪审员不能在合议庭中担任审判长，即便在三人合议庭中，人民陪审员亦不能拥有和其他法官一样多的职责和权力。另一方面，人民陪审员的奖惩与考核往往要受到职业法官的不当影响。《人民陪审员法》第 25 条赋予了人民法院对人民陪审员进行考核与奖惩的权力。[2]然而，由于司法行政机关并不直接参与审判工作，缺乏对人民陪审员工作的了解，因此对于人民陪审员的考核与奖惩常常需要征询人民法院的意见。事实上，人民法院的意见又往往在很大程度上取决于与人民陪审员共同工作的职业法官的意见。因为只有合议法官才与人民陪审员有较多来往。故而，这项规定事实上使得职业法官扮演着人民陪审员的监督者和工作评价者的"领导者"角色，并进而使得职业法官，尤其是承办法官在人民陪审员的考核与奖惩问题上拥有相当大的决定权。职业法官不仅成了人民陪审员利益的攸关方，而且还是其支配者和控制者。[3]概言之，较之职业法官，在事实认定上，人民陪审员权力少、责任小，而其奖惩在很大程度上取决于职业法官。

与此同时，审判素养的显著劣势也使得人民陪审员容易丧失和法官共同评议时的话语权。由于人民陪审员并非职业法官，相较而言可能缺乏对于法律知识的了解，尤其是依据有关规定，[4]人民陪审员在评议时还需要及时向承办法官了解和学习证据规则。可想而知，其意见的专业性如何很

---

[1] 《人民陪审员法》第 14 条规定："人民陪审员和法官组成合议庭审判案件，由法官担任审判长，可以组成三人合议庭，也可以由法官三人与人民陪审员四人组成七人合议庭。"

[2] 《人民陪审员法》第 25 条第 1 款规定："人民陪审员的培训、考核和奖惩等日常管理工作，由基层人民法院会同司法行政机关负责。"

[3] 步洋洋：《中国式陪审制度的溯源与重构》，载《中国刑事法杂志》2018 年第 5 期，第 91 页。

[4] 《最高人民法院关于适用〈中华人民共和国人民陪审员法〉若干问题的解释》第 12 条规定："合议庭评议案件时，先由承办法官介绍案件涉及的相关法律、证据规则，……"

难预料。因此，其意见常常不具有充分的专业性。一旦其意见和职业法官（尤其是与承办法官）相左，就很容易被职业法官以证据规则等规定为理由驳斥掉，从而丧失成为主流意见的机会。在法律适用上，虽然人民陪审员和职业法官拥有同等的评议权和表决权，但如前文所述，在评议时，人民陪审员面对职业法官依据法律规则的诘问，同样可能因为法律知识、技能、经验的匮乏而处于劣势地位，[1]进而丧失话语权。有数据显示，人民陪审员对裁判结果形成的实质性影响堪忧。[2]人民陪审员意见的专业性缺失不利于合议庭制度充分发挥众人（所谓的众人应具有足够的审判工作胜任能力）智慧的制度设计初衷。[3]如前文所言，在合议庭中，承办法官往往拥有着优于其他法官的评议权和表决权。因而，承办法官在有人民陪审员参与的合议庭中往往更易主导合议庭。

概言之，无论人民陪审员是否参加合议庭，由于承办法官承担着合议庭主要的实质性审判任务，在趋利避害的选择下，非承办法官往往会主动放弃自身的裁判权。[4]尽管这只是导致非承办法官进行自利性选择的原因之一。因此，"陪而不审"的现象也就见怪不怪了。

## 二、"审判分离"下的合议庭裁判权转移

合议庭的独立审判是合议制度的应有之义。然而，虽经多轮改革，刑事合议庭的独立审判问题仍未得到彻底解决。在合议庭外部，院、庭长仍可以通过审判监管等方式对合议庭独立审判施加一定的影响，审委会仍然最终决定着合议庭的案件裁判。合议庭的权力受到了多重限制，发生了

---

〔1〕　李昌超、詹亮：《合议庭评议制度的理性反思与制度建构》，载《湖北民族学院学报（哲学社会科学版）》2017年第3期，第118页。

〔2〕　王禄生：《人民陪审改革成效的非均衡困境及其对策——基于刑事判决书的大数据挖掘》，载《中国刑事法杂志》2020年第4期，第15页。

〔3〕　沈寿文：《合议制的性质与合议庭的异化》，载《中国宪法年刊》2015年第0期，第102页。

〔4〕　刘琰图：《论合议庭"形合实独"的现状与出路》，载《河南科技学院学报（社会科学版）》2017年第9期，第89页。

转移。

（一）合议庭的最终决策权依然被审委会所行使

法律赋予了审委会对于合议庭所审案件的最终决定权。[1]《审委会工作意见》第22条又确立了对合议庭不执行审委会意见的监督制度。[2]如前文所论，由于院长拥有将任何案件提交审委会决定的权力，因此在院长认为有必要的前提下，审委会的这种最终决定权实际上可以针对合议庭所审理的任何案件行使。同时，由于该条款又确立了合议庭必须执行审委会决议的制度，故而审委会成了合议庭的领导者和真正的决策者。

对判决用是非真假等行政命令予以干预本身就违背了合议庭独立裁判的要求。[3]这既使得合议庭和院长与审委会之间建立起了案件决策时的上下级领导关系，也使得合议庭审判的独立决策权落空，而即便是审委会的讨论程序也无法改变这种行政会议审批上命下从的行政特征。[4]在司法责任制背景下，这种制度设计也为个别法官尽可能将一些并非重大、疑难和复杂的案件移交审委会以规避自身责任提供了渠道。[5]刑事合议庭的权力行使受到了很大限制。[6]然而，《刑事诉讼法》并未将审委会明确列为审判组织，《审委会工作意见》等规定亦未规定审委会全体会议成员和专业委员会成员必须参与案件的全程审理。

---

〔1〕《人民法院组织法》第39条第1、2款规定："合议庭认为案件需要提交审判委员会讨论决定的，由审判长提出申请，院长批准。审判委员会讨论案件，合议庭对其汇报的事实负责，审判委员会委员对本人发表的意见和表决负责。审判委员会的决定，合议庭应当执行。"

〔2〕《审委会工作意见》第22条规定："审判委员会讨论案件或者事项的决定，合议庭、独任法官或者相关部门应当执行。审判委员会工作部门发现案件处理结果与审判委员会决定不符的，应当及时向院长报告。"

〔3〕[德]拉德布鲁赫：《法学导论》，米健译，中国大百科全书出版社1997年版，第121页。

〔4〕陈瑞华：《司法裁判的行政决策模式——对中国法院"司法行政化"现象的重新考察》，载《吉林大学社会科学学报》2008年第4期，第137页。

〔5〕宋远升：《司法责任制的三重逻辑与核心建构要素》，载《环球法律评论》2017年第5期，第75页。

〔6〕宋远升：《司法责任制的三重逻辑与核心建构要素》，载《环球法律评论》2017年第5期，第75页。

（二）院庭长仍可对合议庭独立审判施加巨大影响

在我国，院庭长拥有对案件审理进展的知情权。《司法责任制意见》第 24 条规定，院长、副院长、庭长拥有要求合议庭向其报告四类案件进展和评议结果的知情权力。同时，《最高人民法院关于落实司法责任制完善审判监督管理机制的意见（试行）》（以下简称《审监机制意见》）还规定院庭长拥有听取报告、查看、提示、督促和调配案件等权力。[1]在实践中，尽管《审监机制意见》要求对院庭长行使审判监管权的行为全程留痕，但不少地方的记录都为零。在院庭长权威的支配下，不少法官碍于种种原因，并不敢将其记录在案。[2]正如学者所言，合议庭审理过的案件还有着多重环节，包括"院庭长的影响、干预和合议庭对于审委会的服从；存在着的不仅有法官独立的要求，还有行政科层化的现状"。[3]这在为院庭长履行审判监管职责提供条件的同时也为其不当干涉和影响合议庭审理案件提供了条件。

在以往，我国实行由院庭长在合议庭审理完结后签批案件的制度。这种签批制度本意是通过签批实现院庭长对案件的审判监督和管理。改革后，这种现状已经得到了一定程度的改观。院庭长仅仅签发特定类型案件的裁判文书。[4]然而，这并不意味着院庭长从此不再能够左右甚至改变合议庭的裁判。从职权上来看，院庭长依然具有指导审判工作、统一裁判标准、全程监管审判质效、审批程序事项和排除审判干扰等对案件的审监权

---

〔1〕《审监机制意见》第 2 条第 2 款规定："院庭长可以根据职责权限，对审判流程运行情况进行查看、操作和监控，分析审判运行态势，提示纠正不当行为，督促案件审理进度，统筹安排整改措施。……"第 5 条第 2 款规定："独任法官或者合议庭在案件审理过程中，发现符合上述个案监督情形的，应当主动按程序向院庭长报告，并在办公办案平台全程留痕。……"

〔2〕肖瑶：《中基层法院院庭长监督指导重大案件的实践运行与机制完善》，载《法律适用》2019 年第 13 期，第 92 页。

〔3〕刘杨、刘建刚：《审判者之辨》，载《北京联合大学学报（人文社会科学版）》2017 年第 3 期，第 83 页。

〔4〕《司法责任制意见》第 6 条规定："……除审判委员会讨论决定的案件以外，院长、副院长、庭长对其未直接参加审理案件的裁判文书不再进行审核签发。"

力和其他多项权力。[1]尤其是在"四类案件"的审理上，院庭长的签批权并未取消，审判监督继续贯穿始终，而这种权力的行使最终决定于院庭长的个人品行。[2]这就使得院庭长容易通过合议庭实现其意志。[3]这些权力的运行在实现对法官裁判权有效监管的同时，亦容易对合议庭的独立审判产生不当影响。[4]

首先，院庭长可以借助倾向性意见表达权对合议庭施加影响。《司法责任制意见》第 23 条实则意味着，未参加庭审的院庭长依然可以通过审判委员会、专业法官会议对合议庭审理的案件发表足以影响裁判结果的倾向性意见。[5]有学者指出，以院庭长对案件发表意见的形式和影响力为依据，可以将院庭长意见区分为"咨议性意见、伪咨议性意见和命令性意见"。[6]咨议性意见指对合议庭的建议，伪咨议性意见指名为建议实为命令的、虚假的建议。司法责任制改革后的调研数据表明：对于院庭长针对其未直接参与审理的案件所发表的意见，认为这些意见属于伪咨询性意见和命令性意见的法官比例高达 49%，而 80% 以上的受访对象都会按照院长的意思去判决。[7]质言之，院庭长意见以一种更规范亦更隐晦的方式表现出来，但并无质的改变。[8]由此可见，院庭长所发表的倾向性意见对合议

〔1〕 参见《审监机制意见》第 1 条。

〔2〕 吴英姿：《论保障型审判管理机制——以"四类案件"的审判管理为焦点》，载《法律适用》2019 年第 19 期，第 116 页。

〔3〕 姚莉：《反思与重构——中国法制现代化进程中的审判组织改革研究》，中国政法大学出版社 2005 年版，第 151 页。

〔4〕 高一飞、赵毅城：《院庭长审判监督管理机制的当前改革》，载《湖南社会科学》2018 年第 6 期，第 64 页。

〔5〕 《司法责任制意见》第 23 条规定："……院长、副院长、庭长除参加审判委员会、专业法官会议外不得对其没有参加审理的案件发表倾向性意见。"

〔6〕 高一飞、赵毅城：《院庭长审判监督管理机制的当前改革》，载《湖南社会科学》2018 年第 6 期，第 64 页。

〔7〕 高一飞、赵毅城：《院庭长审判监督管理机制的当前改革》，载《湖南社会科学》2018 年第 6 期，第 64 页。

〔8〕 高一飞、赵毅城：《院庭长审判监督管理机制的当前改革》，载《湖南社会科学》2018 年第 6 期，第 64 页。

庭裁判的影响。

其次，院庭长可以通过行使对被举报法官的调查核实权影响合议法官选择。《审监机制意见》第 6 条赋予了院庭长通过听取下级人民法院意见和处理信访件影响法官选择的权力。[1]第 9 条则又意味着，一旦被投诉举报，合议庭成员就很有可能会被院庭长调整，甚至被追责。[2]这种追责机制使得院庭长可以借助审判监督和管理权影响到合议庭的独立审判。

再次，院长可以借助审委会讨论提请权对合议庭独立审判施加影响。《审委会工作意见》第 10 条赋予了院长将其认为有必要的合议庭在审案件提交审委会讨论和决策的权力。[3]然而，何为"院长认为有必要"，有无具体情形的限制？显然，院长对此有着极大的裁量权。这实则赋予了院长决定将任何案件提交审委会决定的权力。如若院长意欲影响合议庭案件的审理，合议庭则应当依该规定接受这种影响。如此一来，合议庭耗费大量时间和精力讨论并作出决策的案件依然可以被院长随意提请审委会讨论，甚至其决策结果亦可能被改变。在这种情形下，合议庭能否自主裁判，完全取决于院长的看法。因此，这种模糊的权力界限使得院庭长的合议庭资源配备和职责分工权力被扩大，作为其结果，这种缺乏约束的权力可能对合议庭独立审判形成不当影响。[4]《审委会工作意见》第 11 条第 2 款课以合议庭复议的义务，使得合议庭再次丧失了自主决定提请院长决定审委会

〔1〕《审监机制意见》第 6 条第 2 款规定："院庭长应当通过特定类型个案监督、参加专业法官会议或者审判委员会、查看案件评查结果、分析 改判发回案件、听取辖区法院意见、处理各类信访投诉等方式，及时发现并处理裁判标准、法律适用等方面不统一的问题。"
〔2〕《审监机制意见》第 9 条规定："院庭长收到涉及审判人员的投诉举报或者情况反映的，应当按照规定调查核实。对不实举报应当及时了结澄清，对不如实说明情况或者查证属实的依纪依法处理。所涉案件尚未审结执结的，院庭长可以依法督办，并按程序规定调整承办法官、合议庭组成人员或者审判辅助人员；案件已经审结的，按照诉讼法的相关规定处理。"
〔3〕《审委会工作意见》第 10 条规定："合议庭或者独任法官认为案件需要提交审判委员会讨论决定的，由其提出申请，层报院长批准；未提出申请，院长认为有必要的，可以提请审判委员会讨论决定。其他事项提交审判委员会讨论决定的，参照案件提交程序执行。"
〔4〕袁坚：《刑事审判合议制度研究》，法律出版社 2014 年版，第 165 页。

讨论的权力。[1]

复次，院长可以借助考评组织权和主持权影响合议法官的选择。院长可以借助法官考评委员会的组织权和主持权对合议庭成员施加影响。有关规定[2]表明，院长不仅拥有审判监管权，而且拥有对法官考评的会议主持权，而受院长委托的副院长和审委会专职委员同样拥有审判监管权。对法官的考评关系到法官的福利、晋级等切身利益，而会议主持人则往往拥有主导会议的话语权。这就会导致院长依然拥有对合议庭成员自身利益的较大影响力。

最后，院庭长仍可以借助对部分案件的审批权变相剥夺合议庭的独立审判权。虽然《司法责任制意见》废除了全国基层、中级和高级人民法院院庭长的案件审批权，但这一审批权在最高人民法院却仍然存在。《司法责任制实施意见》第 64 条使得院庭长依然保留了对部分案件的审批权。[3]该条规定第 2 项的语义仍然是模糊的。重大、疑难和复杂案件本身即一项主观性较强的、见仁见智的判断。其第 4 项反映法官有违法审判行为的案件则又同样使得合议庭由自主审理转换为继续沿用以往的审批制度具有较低的门槛和较大的任意性。该意见第 65 条则又赋予了院长对先予执行等事

_____

〔1〕《审委会工作意见》第 11 条第 2 款规定："专业（主审）法官会议意见与合议庭或者独任法官意见不一致的，院长、副院长、庭长可以按照审判监管权限要求合议庭或者独任法官复议；经复议仍未采纳专业（主审）法官会议意见的，应当按程序报请审判委员会讨论决定。"

〔2〕《司法责任制意见》第 21 条规定："院长……综合负责审判管理工作，主持审判委员会讨论审判工作中的重大事项，依法主持法官考评委员会对法官进行评鉴……副院长、审判委员会专职委员受院长委托，可以依照前款规定履行部分审判管理和监督职责。"《司法责任制实施意见》第 59 条规定："院长履行下列审判监督管理职责：……（3）召集和主持审判委员会；（4）召集和主持考评委员会；……"《司法责任制实施意见》第 71 条规定："院长主持考评委员会开展办案业绩考核工作，指导审判管理办公室健全完善办案业绩评价体系，运用权重系数计算办法科学测定办案工作量，合理评价法官办案数量、质量、效率和效果，对法官办案业绩提出考核意见。"

〔3〕《司法责任制实施意见》第 64 条规定："院长及其他院领导、庭长可以要求合议庭报告以下案件的进展情况和评议结果，并要求逐级审批：（1）涉及群体性纠纷，可能影响社会稳定的案件；（2）疑难、复杂且有重大社会影响的案件；（3）与本院类案判决可能发生冲突的案件；（4）反映法官有违法审判行为的案件；（5）死刑复核案件，刑事大要案请示案件，涉外、涉侨、涉港澳台刑事请示案件，法定刑以下判处刑罚核准案件。……"

项的审批权。该意见第 66 条规定的"廉政风险"一词则又是一个门槛较低、难以确切划定范围的词汇。[1]这种词汇的模糊性进一步拓展了院长随意调整合议庭成员的权力空间。实践中,明示或暗示性打招呼、倾向性移交材料和以审判监督的名义参与合议亦是院庭长干涉合议庭审判的重要形式。[2]

这种案件审批制度属于审判监管制度的重要组成部分。审判监管制度的本意是强化对法官权力运用的约束,强化其司法责任。然而,审判监管从来都是一柄双刃剑。如果运用不当,这种监管就很容易异化为一种"审判权之上的审判权",并使得监管者的角色异化为"法官的操纵者"。正如前文所分析的,由于审判监管权行使和审判权运行的混淆,准确把握审判监管权和审判权的运行界限并非易事,[3]院庭长依然可以采取听取汇报、审批部分案件、列席专业法官会议和审委会、主持法官考评会议、决定将任何案件提交审委会等形式影响甚至改变合议庭的裁判。在这种制度安排下,"合议庭无论是出于避免将案件提交审委会讨论从而增加麻烦考虑,还是不希望与行政领导产生冲突进而影响晋职晋级等个人利益的考虑,对于院庭长的意见都会选择遵照执行"。[4]可见,院庭长凭借审判监管权等多种权力并采取多种灵活方式影响甚至控制合议庭对案件的裁决是此种机制下必然存在的巨大风险。[5]因而,由于当前改革仍未能够从根本上正确认识和处理案件监管与审判之间的关系,从而根除来自院庭长的不当影响

---

〔1〕《司法责任制实施意见》第 66 条规定:"因回避或工作调动、身体健康、廉政风险等事由,确需调整承办法官或合议庭成员的,应当由院长及其他院领导、庭长按照审判管理权限审批决定。"

〔2〕 刘杨、刘建刚:《审判者之辨》,载《北京联合大学学报(人文社会科学版)》2017 年第 3 期,第 83 页。

〔3〕 王伟:《完善审判监督管理 助力审判质效提升》,载《人民法院报》2019 年 11 月 10 日。

〔4〕 张仲侠:《审判团队——以合议庭审判资源配置与规则重构为视角》,人民法院出版社2018 年版,第 3 页。

〔5〕 龙宗智、袁坚:《深化改革背景下对司法行政化的遏制》,载《法学研究》2014 年第 1期,第 135 页。

和干涉，全面涤除合议庭无法自助行使裁判权的羁绊，故而，合议庭的独立审判依然很难真正、全面地实现。

由上观之，在院庭长对审委会审判决策拥有较大影响力的前提下，审委会又直接剥夺了合议庭对部分案件的独立决策权。与此同时，合议庭案件最终裁判的作出又必须以合议庭的名义，而不能以审委会或院长名义。这就造成了"审判分离"的继续存在。[1]所不同的是，司法责任制推行后，院庭长审批权的取消和审委会多数意见成员对裁决意见承担一定的责任的确在一定程度上强化了审委会的责任意识，保护了合议庭成员，避免其因合议意见与审委会不同却须依法执行审委会意见而被追责，减少了以往"审者不判，判者不审"现象，使得合议庭对未进入审委会讨论的案件具备了最终的决策权，即便这种决策权依然会被院庭长所牵制和影响。

### 三、审委会决定制下的"裁而不审"

我国实行审委会决定制度。这一制度的设立初衷是提升独任制法官和合议庭的抵抗能力、更大范围地发挥集体合力、弥补法官能力不足。然而，这项制度的合议功能在刑事案件的审理中已经难以得到充分发挥。这一问题最主要的表现就是审委会在具有裁判决定权的同时其成员却不能充分、全面地参与庭审。

在我国，无论是合议庭，还是审委会的独立审判，都受到了一定程度的限制。《刑事诉讼法》第 185 条规定意味着，对于一些案件而言，以合议庭名义作出的决定，真正的决策者可能是并未参与审理的审委会。[2]

---

〔1〕 刘杨、刘建刚：《审判者之辨》，载《北京联合大学学报（人文社会科学版）》2017 年第 3 期，第 86 页。

〔2〕《刑事诉讼法》第 185 条规定："合议庭开庭审理并且评议后，应当作出判决。对于疑难、复杂、重大的案件，合议庭认为难以作出决定的，由合议庭提请院长决定提交审判委员会讨论决定。审判委员会的决定，合议庭应当执行。"

《最高人民法院关于适用〈中华人民共和国刑事诉讼法〉的解释》（以下简称《刑事诉讼法解释》）第216条第2款规定限制了《刑事诉讼法》规定的合议庭申请审委会评议案件的自愿性，将三种案件规定为应当提交的案件。[1]《审委会工作意见》第10条[2]突破了《刑事诉讼法》第185条和《刑事诉讼法解释》第216条的规定，将院长规定为了可以决定案件提交审委会的主体，改变了该法对于只能由合议庭提请而审委会方可评议和决策的前置条件。

那么，审委会审议案件又是否受到限制？从《审委会工作意见》第21条第2款、第3款的规定可以看出，院长可以决定是否将专业委员会的决议提请审委会全体会议讨论，而在审委会讨论完毕后，院长又拥有了是否再起提请审委会讨论的决定权。[3]事实上，短期内无新事实和新理由再次提请同一机构复议，不仅加大了审委会的工作量，还会在一定程度上产生一定的强制效果。正如学者所言，在我国当前政治制度下，一旦有更高权威的机构或个人对法院提出违背法律的审判要求并向法院施压，院长往往可以借助审委会会议实现这种非法干涉的正当化和合法化转换。[4]体现群体决策优势的审委会讨论和决策过程也很有可能被异化为院长个人意见转换为审委会意见的政治操纵流程。[5]这表明，无论是专业委员会还是审委

---

[1]　《刑事诉讼法解释》第216条第2款规定："对下列案件，合议庭应当提请院长决定提交审判委员会讨论决定：（一）高级人民法院、中级人民法院拟处死刑立即执行的案件，以及中级人民法院拟处死刑缓期执行的案件；（二）本院已经发生效力的判决、裁定确有错误需要再审的案件；（三）人民检察院依照审判监督程序提出抗诉的案件。"

[2]　《审委会工作意见》第10条规定："合议庭或者独任法官认为案件需要提交审判委员会讨论决定的，由其提出申请，层报院长批准；未提出申请，院长认为有必要的，可以提请审判委员会讨论决定。其他事项提交审判委员会讨论决定的，参照案件提交程序执行。"

[3]　《审委会工作意见》第21条第2、3款规定："经专业委员会会议讨论的案件或者事项，无法形成决议或者院长认为有必要的，可以提交全体会议讨论决定。经审判委员会全体会议和专业委员会会议讨论的案件或者事项，院长认为有必要的，可以提请复议。"

[4]　陈瑞华：《正义的误区——评法院审判委员会制度》，载《北大法律评论》1998年第2期，第388页。

[5]　龙宗智、袁坚：《深化改革背景下对司法行政化的遏制》，载《法学研究》2014年第1期，第135页。

会全体会议的决议，其效力都受到了一定程度的限制。

作为人民法院的最高审判组织，审委会的地位在《刑事诉讼法》中得到了确立。合议庭必须执行审委会对刑事案件的决定。即便是在司法责任制改革的背景下，"四类案件"依旧是审委会应当讨论的保留地，而由于弹性较大，"四类案件"的范围又可以被"根据情况"恣意扩大。[1]然而，审委作出此种裁判决定的前提却仅仅只是承办法官的口头汇报。在少数情况下，审委会成员也会查阅庭审笔录、视频、案卷等相关资料。然而，这种了解却远不及合议庭成员。以此为基础，审委会不亲历法庭审判却作出裁决，甚至直接改变合议庭裁判意见，替代合议庭经过充分了解案情、全程参与庭审并充分合议后的决定，并要求合议庭执行。而且，审委会的讨论过程亦是"后台化"运行的，这种运行机制存在巨大的风险。

其一，这种"裁而不审"的制度违背了刑事诉讼的直接言辞原则。言词审理和直接审理两项原则共同构成了直接言辞原则。言辞审理原则要求所有参与方必须以口头形式参与庭审，法庭上提交的证据材料必须以口头形式进行，调查证据也必须通过口头，一切证据非通过口头形式举证和质证不得成为裁判依据。直接原则则要求诉讼参与方亲自到场参加审判，证据必须在庭审中被法官亲自接触、调查并直接采纳方可使其成为裁判根据。这两项原则都要求法官必须亲自、全程参与庭审。然而，审委会制度并未规定审委会成员全程参与庭审。这就使得庭审不再成为审判中心环节，而成了一个辅助部分。真正对审判裁决作出起到决定性作用的审委会反而成了躲在幕后的"法官"。这种制度会使得审委会成员难以充分掌握审判的各种动态并难以形成以充足信息为基础的、坚定的内心确信，可能导致错误裁判决定的作出。[2]它的闭门讨论和决定在事实上侵犯甚至剥夺

---

〔1〕 吴英姿：《论保障型审判管理机制——以"四类案件"的审判管理为焦点》，载《法律适用》2019 年第 19 期，第 113~114 页。

〔2〕 龙宗智：《审判管理：功效、局限及界限把握》，载《法学研究》2011 年第 4 期，第 26~29 页。

了被告人获得公正审判的权力。[1]

其二，这种"裁而不审"的制度使得《刑事诉讼法》规范庭审的多项制度设计落空。公开审判是约束审判权力、促使审判在阳光下运行的重要举措，是依法治国的必然要求。然而，这种"后台化操作"却将这一原则抛弃。这就违背了公开审判的要求。此外，它还与回避制度、证据裁判制度、辩护制度等诸多体现现代法治精神的制度形成了冲突，有碍基本权利保障条款的落实。

其三，这一制度违反了审判的专业性要求，加剧了审判的行政化，可能诱发"外行领导内行"现象。我国《法官法》仅要求人民法院院长、副院长具备一定的法律知识，而并未要求其通过以统一法律人才尺度为宗旨的、成为普通法官资格条件之一的法律职业考试，"没有法官身份或资历的党政领导干部还可以直接被任命为法官并获得本院最高等级的法官身份"。[2]与此同时，《法官法》却要求其他法官应通过法律职业考试。院庭长和部分具有较高行政级别的部门负责人构成了审委会的人员主体。这就可能使得那些缺乏足够审判法律知识和审判素养的人员担任人民法院院长、副院长。至少，这些人员的知识、审判技能和经验的储备可能并不比普通法官更具优势。然而，院长、副院长却是审委会的核心成员，甚至可能主导审委会的讨论和决定。这就使得审委会会议可能成为法院行政管理工作的翻版，使得具有民主化、平等化、专业化特点的审判会议异化为"上命下从"、权力高度集中的行政管理场景。因此，审委会集体决策被学者视为司法行政化的典型表现。[3]例如，在对"四类案件"的处理上，由

---

〔1〕 刘练军：《法定法官原则：审判委员会改革的新路径》，载《北方法学》2018 年第 6 期，第 104 页。

〔2〕 刘杨、刘建刚：《审判者之辨》，载《北京联合大学学报（人文社会科学版）》2017 年第 3 期，第 83~84 页。

〔3〕 陈瑞华：《司法裁判的行政决策模式——对中国法院"司法行政化"现象的重新考察》，载《吉林大学社会科学学报》2008 年第 4 期，第 115 页。

于院长签批制度仍然被保留，行政化思维依然盛行。"四类案件"的审判管理成了司法行政化继续存续的温床。[1]一旦出现政治家领导裁判的"外行领导内行"现象，审判的科学性、权威性和严谨性要求就必然会大打折扣。

其四，这一制度难以保证审委会得到充分、可靠的裁决信息。承办法官的汇报体现了合议庭全部成员或多数成员对案件事实的意见。然而，它却不能体现少数成员对事实认定的不同看法。同时，如果审委会成员全程参与案件审理，那么亦可能有更多的事实认定意见产生。尽管绝对的司法中立性或许是难以企及[2]的，但裁判者应当尽可能实现中立、不偏不倚，而有利害关系的裁判者应当回避却是对于审判公正最为朴素的认知。实践中，检察长列席审委会会议并发言而辩护人却常常不被邀请的现象亦经常出现。这就使得审委会对案件事实的认定意见很可能是残缺不全甚至是夹杂着偏见的。此外，合议庭对事实的认定意见亦可能出现偏差。因此，审委会得到的案件事实认定信息既可能残缺不全亦可能失真。

## 第三节　刑事审判合议制度缺陷评析

任何科学的法律制度设计都不应是立法者随心所欲设定的结果。它必须是立法者对各种方案进行成本-效益分析并进行资源优化配置以实现其功能发挥最大化的结果。只有能够实现收益最大化的资源配备制度才是最佳的法制设计。在笔者看来，无论是"形合实独"下的合议程序消解还是"审判分离"下的合议庭裁判权转移，抑或是审委会决定制下的"裁而不审"都会使得刑事合议庭和审委会的功能无法得到全面发挥，既浪费了审判资源，亦增加了合议制度运行的成本，不利于审判效率的提升。

---

〔1〕　吴英姿：《论保障型审判管理机制——以"四类案件"的审判管理为焦点》，载《法律适用》2019 年第 19 期，第 115 页。

〔2〕　陈瑞华：《正义的误区——评法院审判委员会制度》，载《北大法律评论》1998 年第 2 期，第 399 页。

## 一、合议制功能受限和制度效益的降低

在经济学看来，任何法律制度都不过是利益分配的机制；而如果任何利益分配机制的功能都得不到充分发挥，制度的效益必将降低。刑事审判合议制度有四种功能。由于其功能发挥均受限，刑事审判合议制度的效益降低了。

（一）提升司法公信力和裁判质量的功能受限

合议制度本身具有提升司法公信力和裁判质量的功能。然而，"形合实独"现象的出现却可能使得本应集体进行的阅卷、庭审、合议、集体裁决等合议程序都无法进行，导致合议庭实质上被架空，徒留了合议的躯壳。当然，即便是在这种形式上的刑事合议庭中，合议之"合"也往往谈不上。加之公众的广泛知晓，提升司法公信力和裁判质量的功能也就无法充分发挥了。

在审委会中，合议制的此种功能同样遭到了削弱。由于长期盛行的司法行政化惯性，院庭长和审委会专职委员组成了审委会的主体。在这种上命下从的格局中，院长、副院长可能会主导审委会的合议和最终意见的形成。这使得审委会能够在多大程度上发挥合议功能在很大程度上取决于院长和副院长。当其具有并发扬民主作风时，审委会的民主功能就会发挥得好；当其不具有民主作风或者虽具有民主作风却无意发扬时，审委会的民主功能就会被削弱。因而，从整体上看，审委会的此种功能亦如同合议庭一样受到了不同程度的限制。

（二）加速司法职业化的功能受到抑制

回顾合议制设立的初衷，法官的司法职业化亦为其重要价值追求。在立法者的设计初衷中，人民陪审员的参与会使得职业法官能够了解来自社会大众的、代表朴素认知的经验并听到一些专门性的知识，从而为审判提供智力支撑。然而，随着我国刑事司法的日益精密化，人民陪审员可能因

缺乏对证据制度、技术、法律知识和技能的了解，而使其意见很难实质性地影响合议庭的裁决。在立法者最初的立法构思中，多名职业法官集体合议可以实现互相交流和提高。然而，多种制度和现实因素的夹击却使得承办法官之外的职业法官常常并未实质性参与合议庭所审案件。[1] 在不少案件的审理中，其意见依然往往是简单的同意或者为了应对司法责任制考核而刻意提出并记录下来的简单意见。在审委会中，囿于前文所提到的审委会行政化现象，参与其中的法官对其审判能力的提升是有限的。这些都使得立法者最初的、加速法官职业化的构想在一定程度上落空了。

（三）提升司法腐败风险功能受限

此种功能的受限主要表现为三点。其一，由于合议庭实质上的一人操纵，存在专断的风险。其二，由于这种名义上的合议弱化了社会公众对合议庭法官腐败的防范意识，加之合议庭内部监督的匮乏，合议庭产生腐败的可能性被增大了。合议庭的集体名义亦在无形之中为其成员作出不公裁判、逃避司法责任提供了掩体。[2] 其三，由于审委会行政化现象的存在，其内部监督和制约机制作用的发挥亦在一定程度上被削弱了。因而，这种风险的提升是有限度的。

（四）提升司法裁判质量的功能被削弱

刑事审判合议制度设立的基本要求便是通过"合"和"议"来集思广益并最终提升司法案件的公正品质。然而，在"陪而不审""形合实独"的合议庭中，这种合议的基本要求便无法实现。自然，对于那些真正需要合议的疑难、复杂和重大案件，其群体裁决的优势就难以得到充分发挥，其公正裁决的品质就可能下降。在审委会中，如果受到行政主导或被汇报案件的承办法官所误导，审委会的集思广益就可能在一定程度上被打折

---

〔1〕 左卫民、吴卫军：《"形合实独"：中国合议制度的困境与出路》，载《法制与社会发展》2002 年第 2 期，第 66 页。

〔2〕 ［意］皮罗·克拉玛德雷：《程序与民主》，翟小波、刘刚译，高等教育出版社 2005 年版，第 34 页。

扣。这些都导致了刑事审判合议制度承载司法公正的功能在一定程度上被削弱了。

概言之，我国刑事合议庭和审委会的功能在现行环境下可能难以得到充分发挥。在经济学成本-收益分析中，收益的增加与否和司法资源是否实现优化配置是衡量其制度效益的重要依据。只有充分发挥合议制度的程序职能作用，实现了司法资源的优化配置才能提高其司法水准，才能从根本上提升其制度效益。

"形合实独"使得本应共同合议并发挥集体智慧的合议制功能无法发挥；"审判分离"使得作为审判组织的合议庭失去了裁判权，丧失了其最为重要的裁判功能，而在事实上成了一个"非审判组织"；"裁而不审"使得审委会失去了司法案件审理的基本功能，使其无法全面掌握庭审信息，从而容易片面性地接受代表合议庭汇报人——承办法官——的意见，这大大增加了其受合议庭所操纵的可能。"形合实独""审判分离"和"裁而不审"都破坏了刑事合议司法制度的全面、有效实施，导致了刑事合议组织资源的浪费。

## 二、合议程序运行成本的增加

从成本-收益分析上看，"合而不议""裁而不审"所导致的审判分离还增加了刑事合议程序的执行成本。"审而不判"使得合议庭不得不在案件审理完毕后再次向院庭长和审委会汇报。本应由合议庭单独完成的审判任务却需要经历或短或长的审批阶段并由院庭长和审委会定夺方可结案。这就限制了合议庭裁决案件的意志自由，延长了审理的期限，也消耗了更多的司法资源。"裁而不审"使得审委会的裁决失去了对于案件庭审信息的充分掌握。如欲增加了解，除了听取合议庭的汇报外，审委会还需要进一步查阅和观看庭审视频。然而，即便如此，由于庭审亲历性匮乏，加之审委会无法与庭审时的诉讼参与人互动，其对于案件的裁决很难说是建立在充分了解案情的基础上，这就造成了盲目的审判，增加了酿成冤假错案并需要更多的司法资源投入的风险。概言之，这些都使得刑事审判合议制度运行的程序更加复杂，其所需的成本更高、耗时更长、效率更为低下。

## 第四节　刑事审判合议制度缺陷的成因

### 一、不当的合议制适用范围和合议庭分工与考核

如前文所论，承办法官制度导致了合议庭成员评议和表决的虚置，造成了刑事合议庭的"形合实独"。然而，这项制度的形成有着制度根源和现实需求。

（一）过于宽泛的刑事合议制适用范围

我国相关法律制度确立了刑事合议制过宽的适用范围。《刑事诉讼法》第183条第1款确立了基层人民法院和中级人民法院审理刑事案件以采用合议制为主、独任制为辅的审判组织原则。[1]同时，该条第2款和第3款又确立了高级人民法院和最高人民法院审理一审案件采用合议制的制度，第4款则又确立了上诉案件和抗诉案件均采用合议制的审判组织形式。合议制在再审案件中仍然是唯一的审判组织形式。《刑事诉讼法》第256条第1款和第254条第4款确立了原审法院和接受抗诉的法院审理的再审案件实行合议制的组织形式。[2]概言之，从基层人民法院到最高人民法院，

---

〔1〕《刑事诉讼法》第183条第1款规定："基层人民法院、中级人民法院审判第一审案件，应当由审判员三人或者由审判员和人民陪审员共三人或者七人组成合议庭进行，但是基层人民法院适用简易程序、速裁程序的案件可以由审判员一人独任审判。"

〔2〕《刑事诉讼法》第256条第1款规定："人民法院按照审判监督程序重新审判的案件，由原审人民法院审理的，应当另行组成合议庭进行。……"第254条第4款规定："人民检察院抗诉的案件，接受抗诉的人民法院应当组成合议庭重新审理，对于原判决事实不清楚或者证据不足的，可以指令下级人民法院再审。"

从案件一审到再审，大多数刑事案件的审判均实行合议制，而且随着法院层级和案件审级的提升，合议制使用得愈频繁。可见，我国大多数刑事案件的审理实行合议制。

相对于民事审判和行政审判，刑事审判针对的是具有严重社会危害性的行为，其裁决亦最为严厉。因此，出于集思广益的考虑，立法者将合议制作为刑事案件审理的主要组织形式体现了对其司法公正性的重视。然而，如此广泛的适用范围是否一定可以提升案件的质量和刑事司法公正程度？近年来平反的一系列刑事冤假错案几乎都采用了合议制的审理方式。这说明，合议制审理的案件质量可能未必比独任制高。我国合议制适用范围的规定使得刑事司法审判需要大量的合议庭从事刑事审判工作。

（二）审判资源过度紧张情况下的不当合议分工

目前，我国刑事案件大幅增长的态势依然显著。尤其是随着小微犯罪的入刑，刑事案件大幅增加。这直接导致我国刑事案件多年来入审数量一直过巨，按期审结压力巨大。这种情形在基层人民法院尤甚。为此，我国推进了案件简繁分流，使得大多数认罪认罚案件实行独任制审理。在认罪认罚从宽制度下，不少人民法院仅仅通过压缩庭审时间来提高办案效率，既造成了与以审判为中心改革的矛盾，又难以避免庭审流于形式。据报道：2018 年，长沙市岳麓区人民法院更是创造了两个多小时审结 12 起刑事案件的纪录。然而，认罪认罚从宽与庭审实质化存在一定程度的冲突。以审判为中心的诉讼改革要求实现庭审实质化，确保案件事实和证据经得起法律检验和历史考验。它要求庭审在事实查明、认定和定罪量刑中发挥中心作用。正是在这两种改革的同步施行下，合议制依然是我国多数人民法院审理刑事案件的主要组织形式。

制度的执行还必须充分考虑现实的可行性。为了减轻这种案多人少的审判压力，完成日益严格的考核要求，多数人民法院不得不作出应对压力的选择。于是，承办人制度应运而生。它使得不担任承办人职责的合议庭成员可以减少对自己所不承办的合议案件的时间和精力投放，使其更多地关注于自己身所承办的案件，从而在减少自身工作量的同时亦提高了办公效率。同时，它还减少了重复性的劳动，使得合议庭成员不必重复从事审判活动，提高了工作收益，但也带来了"合而不议""形式化"参与等影响合议庭集思广益功能发挥的风险。在有人民陪审员参加的合议庭中，如前文所论，这样的分工因为职业法官的专业优势而进一步加剧了合议庭"形合实独"的程度。

在笔者看来，这种让承办法官承担主要的合议庭工作任务，并往往承担主要的司法责任的分工设计是不恰当的。合议制，顾名思义，其本质特征就是集体参与和集体负责。在刑事审判合议制度中，合议庭是案件审理、评议、决策和责任的主体。因而，承办法官不应当是主要的权责主体。然而，当前的分工却造成了这种严重的局面。当然，集体负责不意味着所有的工作，尤其是不意味着文书制作等技术性、事务性工作都必须由所有的合议成员集体参与完成，而是在体现集体意志、影响被告人重大程序性权利和实体权利的事务上应当由集体共同决策；它还不意味着所有的集体成员都必须拥有一致意见才能决策，而往往是采用多数决，只有在十分必要的时候才采用一致决；它虽然要求所有成员均需要承担司法责任，但并不意味着每位成员都承担同样的责任，而是可以视过错大小而承担不同责任，但这种过错大小的分配不应当是固定或者往往是固定的，而应当在每一起案件中都存在随机分配的可能；它虽然要求集体负责，但并不意味着不能够设立牵头人、代表人、组织人，相反，基于组织合议和效率的需要，它往往需要设立牵头人、组织人和代表人，但牵头人、组织人和代表人不应当承担主要的工作职责，对外不应当以单独的或主要为自我的意思主张代表合议庭。因而，承办法官制度充分体现了合议庭集体完成任务和负责，并随机分配主要工作职责的合议制属性。无论审判资源多么紧张，案多人少的压力多么大，采用承办人制度以消解合议庭制度的做法都是不可取的。这样的做法使得合议庭集体决策的优势无法发挥，等同于在很大程度上废止了合议庭。更重要的是，为合议成员逃避或减轻自身责任提供了一定的空间。事实上，我国完全可以通过压缩合议制的适用范围来大幅减少人民法院人多案少的压力，而不是采用"形合实独"的方式来变相压缩合议制的应用空间。

（三）未充分体现合议制规律的法官考核制度

法官绩效考核制度直接决定着法官能否获得和获得多少绩效考评奖金。作为理性的经纪人，法官个人利益的增减又往往与其工作积极性和主动性及其对于个人时间和精力等审判资源的分配紧密关联。因而，合议庭中的非承办法官是否参与、能够在多大程度上实质性参与合议庭的工作与考核制度与能够直接赋予其的职业尊荣和包括经济利益在内的价值追求密切相关。[1]

我国已经建立了将合议庭非承办法官工作量计入法官绩效考评范围的制度。2018 年 12 月，《进一步司法责任制意见》第 22 条[2]打破了以往对合议庭工作进行考核时只考核承办法官而不考核其他参与人的规定，有利于破除承办法官重权在握、一支独大导致的"合而不议""陪而不审"的局面。

然而，遗憾的是，当前的法官绩效考核制度却未能体现合议制度规律。平等参与是刑事审判合议制度的基本规律。这一规律不仅要求合议庭成员分工应当均衡，而且还要求对承办法官和非承办法官参与合议庭的工作考核亦应当均衡，不能显著失衡。否则，考核制度就无法促进平等参与

---

〔1〕　南京市中级人民法院课题组等：《法官业绩考核评价制度研究》，载《中国应用法学》2018 年第 1 期，第 128 页。

〔2〕　《进一步司法责任制意见》第 22 条规定："……将法官作为合议庭其他成员时的工作量、办理涉诉信访工作量、参加专业法官会议、审判委员会的工作量、案件评查工作量等纳入业绩考核……"

原则在合议制度中的贯彻，甚至还会起到反向作用。[1] 这就要求考核制度亦应当尊重合议成员平等分工的规律要求并作出制度上的设计。但是，由于现行承办法官制度、审判长制度对于合议庭工作分工不均（这并不会直接导致考核失衡），加之长期存在的将合议庭案件视为承办法官一人之案件的职业偏见和工作惯性，在未能明确、详细规定应当对承办法官和非承办法官在刑事合议制审判中的阅卷、庭审、合议、制作判决书、向审委会汇报等工作中应以大体均衡的工作权重进行考核的情形下，对非承办法官参与合议庭工作的考核就难免存在与承办法官考核不均衡甚至严重失衡从而致使该制度存在流于形式、难以落实的风险。这就会最终导致改革所设计的制度意图难以充分实现。[2] 与此同时，非承办法官所承担的合议庭工作还很难与其个人利益紧密关联。该条还规定了法官绩效考核奖金发放的依据应是法官办案的难度、责任、质量和数量，而不应与法官职务挂钩。然而，依照现行承办法官制度和审判长制度，同前述原因，非承办法官未必能够通过其参与合议庭的工作获得足以调动起工作的积极性和主动性的个人利益。这就可能会使得以提高效率为目的的管理行为向其反方向发生作用，[3] 使得非承办法官实质性参与合议庭工作的积极性、主动性难以被调动起来，不利于通过提升司法活性和法官绩效考评制度改革的整体效用。此外，在效力层级上，当前，法官业绩考核制度仍为司法管理制度而非司法制度。这与其在司法改革中的地位、作用及对刑事合议庭独立审判的影响不相匹配。

如前文所论，由于我国刑事审判实行以合议制为主的审判组织制度，刑事审判实践亦以合议制为主，而在实践层面，由于民事案件数量更为庞

---

〔1〕 黄锡生、余晓龙：《以绩效管理为借鉴的法官业绩考评机制再造》，载《东岳论丛》2019年第12期，第176页。

〔2〕 张建：《论法官绩效考评制度的设计难点与优化》，载《山东社会科学》2020年第6期，第185页。

〔3〕 ［美］西奥多·H.波伊斯特：《公共与非营利组织绩效考评：方法与应用》，肖鸣政等译，中国人民大学出版社2005年版，第21页。

大，有限的司法资源迫使广大基层人民法院不得不在民事案件中更多地适用独任制。因而，较之民事案件，这种考核机制对刑事审判合议制度的影响范围更为宽广。同时，较之行政审判和民事审判，由于刑事审判不仅关乎被告人的财产，而且更可能关乎被告人的自由甚至生命，因而这种考核机制在刑事审判中导致的危害就更加严重。

## 二、错位的审委会与合议庭关系

审委会不参与案件审理却具有案件审判决策权直接导致了"审判分离"。这种制度设计的根本原因在于对审委会与刑事合议庭的关系存在错误认知。审委会的职能定位决定了审委会与合议庭的关系。厘定两者关系离不开对审委会职能定位的准确把握。

审委会是审判工作的重要部门，《人民法院组织法》和三大诉讼法及相关司法解释对其性质和效力均作出了明确规定。然而，这并不意味着立法者和最高司法裁判决策者对审委会职能的认识始终是明确和坚定的。对此，我国法律和司法解释却长期存在一定的抵牾。《行政诉讼法》在确立了对行政案件实行合议制度的同时，却仅通过其第 92 条的规定赋予了审委会讨论决定是否再审的职权，[1] 而并未赋予审委会对合议庭正在审理的案件予以讨论和决定的职权。自 2007 以来，《民事诉讼法》则完全摒弃了其1982 年诞生之初和 1991 年修订案对审委会职权的规定，不再赋予审委会任何职权。然而，无论在哪一部《刑事诉讼法》中，审委会都一直拥有讨论和决定疑难、复杂、重大案件的权力。作为综合性规定审判制度的《人民法院组织法》对审委会此项职权的规定却反复变化。从 1979 年版的仅赋予审委会讨论重大、疑难、复杂等案件的职权到之后的仅规定其有权处理再审案件再到现在的讨论和决定重大、疑难、复杂案件的法律适用和是

---

[1] 《行政诉讼法》第 92 条第 1 款规定："各级人民法院院长对本院已经发生法律效力的判决、裁定，发现有本法第九十一条规定情形之一，或者发现调解违反自愿原则或者调解书内容违法，认为需要再审的，应当提交审判委员会讨论决定。"

否再审等事项，围绕审委会讨论案件的具体事项和是否拥有决定权，呈现出了不断变更的态度。与此同时，司法解释却不断拓展在审委会讨论案件的范围并强化其效力。[1]可见，立法和最高审判机关对审委会是否可以讨论、决定正在审理的案件和所要讨论案件的范围及具体事项始终存在较为重大的分歧。

那么，从法理上看，赋予审委会讨论、决定合议庭在审案件的法律适用是否合理？笔者以为，这是不妥的。这种讨论权和决定权本质上是一种审判权，是一种不完整的审判权。这种权力的出现事实上亦剥夺了合议庭至关重要的部分审判权，造成了合议庭完整审判权的破碎。无论是审判原理和司法责任制改革要求，还是审委会的当前职能，都决定了其无法承担这一重任，不应拥有这种不完整的权力。

其一，这违背了审判原理和司法责任制改革的要求。审判的直接言辞原则要求刑事审判组织必须全程参与案件的审理，且非因法定原因不得中途更换，而裁决的结果必须由参与庭审的法官作出。然而，在我国当下，审委会成员不参加审判却可以对合议庭在审案件进行评论和表决，而合议庭却又得执行审委会的决定。这种"审者不判，不审者判"的做法直接违背了刑事审判的直接言辞原则和亲历性的要求，也违背了司法责任制的要求，不利于准确地适用法律。尽管《人民法院组织法》第37条第1款第2项将审委会讨论案件的范围限定在法律适用，然而案件的法律适用却在很大程度上取决于其事实认定，两者并不能从根本上作出分割。要想正确地适用法律，就必须反复思考事实和法规规定之间的关系。这也就从根本上决定了审委会讨论案件不可能仅仅限于听取汇报，而必须对案件事实予以充分了解。显然，这是不参与案件庭审的审委会所无法做到的。

其二，这是审委会当前职能难以充分实现的。据学者调研：实行司法责任制改革以来，审委会讨论虽然更多地涉及事实认定，但80%的讨论时

---

[1] 徐向华课题组：《审判委员会制度改革路径实证研究》，载《中国法学》2018年第2期。

常却依然不足 60 分钟。[1]如此仓促地实现对重大、疑难和复杂案件的充分讨论和法律适用，其决策的质量可想而知。囿于审委会取代合议庭直接审理案件势必会大量消耗本已紧缺的审判人力资源，其必然会成为合议庭意见的确认程序，或者提出一些质量不高的意见和决议。自我国推进司法责任制改革以来，"让审理者裁判、由裁判者负责"成了此轮司法改革的重要要求。为此，最高人民法院连续发布了多个推进司法责任制及其相关的审判监督制度改革的规范性文件。然而，由于这些文件均没有取消审委会对案件的讨论权和决定权或是赋予审委会直接或全程参与庭审的职权。因此，让法定的审理者裁判和负责的要求并不能在所有案件中得到实现。因此，为了实现改革的这一目标，只有对审委会职能加以重大改造才能促使合议庭真正、全面地行使职权和负起责任。

### 三、失当的审判监管权与审判权之界限和审判责任制度

审判监管权与审判权之界限和审判责任制度的失当是刑事审判合议制度缺陷形成的深层成因。院庭长审判监管权的行使深刻地影响着合议庭审判权的独立行使，甚至会成为一种阻碍力量。审判责任制度的不合理之处又表现为审判责任分配不均衡和追责模式及追责机构的设置缺陷。

（一）失当的审判监管权与审判权之界限

在我国，院庭长同时具有审判权和审判管理权、监督权。然而，这三种权力的行使却可能产生冲突。从推行司法责任制改革以来，这种矛盾和冲突非但没有消解，反而进一步凸显。[2]数据显示：重庆市第四中级人民法院在实行司法责任制以后，案件发改率逐年递增。[3]作为审判质量的重

---

[1]　徐向华课题组：《审判委员会制度改革路径实证研究》，载《中国法学》2018 年第 2 期，第 32 页。

[2]　龙宗智、孙海龙：《加强和改善审判监督管理》，载《现代法学》2019 年第 2 期，第 38 页。

[3]　该院 2013 年的发改率为 7.27%，2014 年为 15.59%，2018 年为 18.52%。龙宗智：《审判管理：功效、局限及界限把握》，载《法学研究》2011 年第 4 期，第 42 页。

要标杆，带有一定普遍性的案件发改率的大幅提升表明了这一问题的严重性。

对于刑事合议庭而言：一方面，司法责任制改革要求还权于合议庭，从而实现审判的主体同一和权责一致。这就需要院庭长审判监管权的行使不能妨碍合议庭审判权的独立运行。然而，院庭长对重大案件实体审判的监督权天然具有行政干预审判的性质，[1]事前和事中监督很难不影响到合议庭审判权的独立行使。在审判去行政化的改革背景下，院庭长行使审判监管权就存在受到质疑和追责的风险。另一方面，随着合议庭和法官审判权力的回归，权力的滥用现象就可能增多。从这个角度看，有必要强化院庭长的审判监管。从历史上来看，为了实现改革目标，最高人民法院先后五次制定和颁布了法院系统改革纲要。这些举措使得院庭长审判监管机制融入了最先进的技术手段，形成了完善的机制，为引导、规范和监督人民法院审判工作，确保审判质量，维护审判公正，发挥了重要作用。从现实上说，确保审判质量的现实需要离不开审判监督和管理。[2]正因如此，院庭长审判监管权的存在有着重要价值。因而，审判监管权改革的关键不在于将其取消，而在于如何将其放在科学的轨道上运行。

行政化在司法责任制改革中亦徐徐展开。通过前文分析，刑事审判权与审判监管权依旧未能够真正实现脱离。院庭长依然可以利用司法案件监管权影响裁判。[3]司法责任制改革后，针对"四类案件"的请示汇报制度甚至反而在某种程度上加强了。以2017年《审监机制意见》的出台为代表，最高人民法院为理顺院庭长审判监管权和审判权关系，着力化解院庭长不愿放弃审判监管权，惧怕监管和不善管理等问题付出了艰辛努力。然

---

　〔1〕 肖瑶：《中基层法院院庭长监督指导重大案件的实践运行与机制完善》，载《法律适用》2019年第13期，第95页。

　〔2〕 李麒、柴雷哲：《院庭长审判监督管理权的合理性及其限度》，载《晋中学院学报》2020年第1期，第53~54页。

　〔3〕 陈瑞华：《法院改革中的九大争议问题》，载《中国法律评论》2016年第3期，第213页。

而，如前文所论，这场改革仍然存在一些不完善之处。例如，审判监管权和刑事合议庭审判权独立运行之间的边界是否全部都是妥当和清晰的？质言之，在司法改革背景下，该如何对待院庭长的审判监管权，使其合理行使而不至于伤及合议庭审判权行使的独立性？

在此种背景下，改革者虽然出台了多项规定，努力将其清晰地加以界定，但正如前文所论，院庭长上述审判监管权的行使继续严重地影响着合议庭审判权的独立行使。因而，这两项权力的界限依然不能说是完全合理且清晰的。那么，这种界限究竟怎样才能更为科学、明确和清晰？

对此，学界莫衷一是。[1]不少学者亦主张限制、正确把握审判监管的尺度。[2]主流观点认为，保留院庭长的审监权，对法官的审判行为进行监督确有必要。与此同时，一些学者却对审判监管权的存废展开了反复讨论。这种理论上的混乱已经影响到了司法实践，并加剧了刑事合议程序的消解。一方面，一些院庭长因担心被追责而不敢管、不愿管，由此带来的是案件审理质量的下滑；另一方面，一些院庭长则不愿放权，采用口头指导、旁听合议等隐蔽方式影响审理。[3]在笔者围绕本书与多位法官的交谈中，后一种现象更为普遍。故而，在笔者看来，这种界限在理论和制度上的失当正是引发院庭长职责混乱并进而导致依然存在的刑事合议庭裁判权转移风险的原因所在。

**（二）失当的审判责任制度**

审判责任制是司法改革的"牛鼻子"，是刑事合议庭独立公正从事审判的监督、问责和倒逼机制。[4]在司法责任制改革中，围绕"让审理者裁

---

〔1〕　龙宗智、孙海龙：《加强和改善审判监督管理》，载《现代法学》2019 年第 2 期，第 38 页。

〔2〕　龙宗智：《审判管理：功效、局限及界限把握》，载《法学研究》2011 年第 4 期，第 32～39 页。

〔3〕　吴英姿：《论保障型审判管理机制——以"四类案件"的审判管理为焦点》，载《法律适用》2019 年第 19 期，第 112 页。

〔4〕　秦小建：《审判责任制的宪法基础与改革逻辑》，载《武汉大学学报（哲学社会科学版）》2018 年第 5 期，第 145 页。

判、由裁判者负责"，法院系统大力推进了审判决统一和权责一致改革的部署。这就诞生了责任倒查制度和终身问责制度。然而，责任倒查可能使得追责主体在实践中违背主客观相一致的追责原理，肆意扩大追责范围，从而不切实际地增加法官的工作压力。其严厉程度甚至超过了刑法，使得不少法官在审理案件时战战兢兢。因而，该项制度的不当之处也是引发刑事审判合议制度挑战的重要原因。具体说来，这种追责制度的不合理之处又表现为审判责任分配不均衡和追责模式及追责机构的设置缺陷。

首先，刑事合议程序消解是合议庭审判责任分配不均衡的结果。作为理性的个体，法官在办理案件时必然要受到社会环境的影响。当前，我国人民法院案多人少、法官疲于奔命的严峻局面依然没有被打破，尤其是随着"智慧法院"等智能化办公系统的推进，法院系统对于案件审限的执行更为严格，不少基层法官往往疲于奔命。在这种环境下，作为具有"自利性"的法官个体就不得不考虑自身精力和时间的优化配置。其可能存在这样的倾向：尽可能少地去承担合议案件的司法责任甚至不承担责任，尽可能少地减少自己在合议庭的工作量而不是增加工作量。

其一，承办法官承担着对合议案件审理的主要责任。承办法官不仅对运用合议制审理案件的事实认定承担主要责任，而且还往往主导着该案件的法律适用。

一方面，合议庭法官承担着共同而又有区别的责任。依据《司法责任制意见》第 30 条，[1]尽管合议庭成员对案件的事实认定和法律适用均承担一定的司法责任，但事实上，由于承办法官承担了远超出其他成员的、更多的工作任务，所以，其和其他成员承担的具体责任迥然不同。承办法官承担着其他合议法官所没有的司法责任。例如，依据《司法责任制意

---

[1]《司法责任制意见》第 30 条规定："合议庭审理的案件，合议庭成员对案件的事实认定和法律适用共同承担责任。进行违法审判责任追究时，根据合议庭成员是否存在违法审判行为、情节、合议庭成员发表意见的情况和过错程度合理确定各自责任。"

见》第 32 条的规定，[1]承办法官有责任指导法官助理开展工作，因而其
还要承担对法官助理的指导责任。又如，人民陪审员和职业法官对于审判
的司法责任不对等。由于《司法责任制实施意见》第 43 条确立了承办法
官对案件事实主要责任的制度，因此人民陪审员并不承担案件事实认定的
主要责任，而仅仅承担次要责任。

　　另一方面，承办法官承担着远超出其他合议法官的审判责任。例如，
承办法官的优先评议权亦往往导致其承担更多的法律适用责任。《司法责
任制实施意见》第 43 条明确了承办法官对案件事实所负的主要责任，也
将其他合议成员的事实认定责任界定为次要责任，同时亦赋予了承办法官
先行提出处理法律适用意见的职责和权力。该条赋予了承办法官优先评议
权。案件的事实认定是法律适用的前提，而承办法官又拥有先行发表处理
意见、提请讨论的权力。由于其他法官缺乏和承办法官同样的审判职责，
对该案件所掌握的信息，尤其是案例检索的信息，往往没有承办法官丰
富、全面，因而其往往愿意接受承办法官先入为主的法律适用意见，除非
其对该案件拥有高度的自信，否则其意见很容易被承办法官所反驳。所
以，在法律适用上，承办法官承担着远多于其他合议成员的审判职责，往
往拥有着广泛的主导、影响案件的权力，承担了主要的和核心的庭审工
作，往往主导了合议庭最终意见的形成。[2]自然，其有着更高的失误概
率。因而，相比较而言，在不少人看来，其承担更多的、主要的审判责任
亦是理所当然的。在这种权力运行格局下，承办法官的单独负责在很大程
度上取代了合议庭的共同责任。[3]当然，一旦院庭长参与合议庭审判，并
发挥主导作用，承办法官的此种优势将不复存在。

---

　　[1] 《司法责任制意见》第 32 条规定："审判辅助人员根据职责权限和分工承担与其职责相
对应的责任。法官负有审核把关职责的，法官也应当承担相应责任。"
　　[2] 杨朝永：《民事审判合议制度研究》，西南政法大学 2016 年博士学位论文，第 64 页。
　　[3] 朱福勇：《论合议庭的评议对象与论证表达》，载《法律科学（西北政法大学学报）》
2017 年第 1 期，第 135 页。

其二，合议庭中的非承办法官承担着较少责任甚至不承担责任。例如，依据有关文件，[1]尽管该《司法责任制实施意见》仅限于最高人民法院施行，但事实上，在实践中，我国多数人民法院依然参照该制度对承办法官课以更多的审判责任，尤其是往往要求其对案件事实负主要责任。这种局面是其在司法责任制度挤压下趋利避害地进行选择的结果。对作为案件非承办人的法官而言，其可以选择的、减少或规避自身责任的优先级先后顺序应当是：高度自信下的坚持己见>提交审委会>选择和承办法官保持一致。

将案件尽可能多地提交审委会是合议庭成员规避或减轻自己责任的一种策略。依据《司法责任制意见》第31条，[2]当案件表决时，出于推卸责任的目的，合议庭往往希望尽可能提交审委会。因为一旦提交，合议庭就意味着不承担责任或者承担与审委会多数意见一致的责任。对于后者，则往往会被解释为认识不同而集体免责，至少也会因为与审委会集体分担而承担因人数远超出合议庭而被稀释和分解后的相对较轻、较少的责任。因为，作为人民法院内部最高审判决策机构，审委会的决定往往被认为是最准确的，在人民法院内部，没有人或组织可以对审委会追究责任，即便外部机构追究审委会的责任，也往往会顾忌法院队伍的稳定和工作的顺利开展并因此采取较为柔缓、轻微的处罚。在此种情形下，自然，合议庭成员将不承担或承担较少的责任。在实践中，在基层人民法院，不少事实清楚、法律适用简单的缓刑案件被大量地提交审委会决定，就是合议庭这种倾向下理性选择的结果。

选择与承办法官保持一致亦是其他法官减轻自身责任的重要策略。将

---

〔1〕《司法责任制实施意见》第43条规定："承办法官对案件事实负主要责任，应当全面客观介绍案情，说明类案与关联案件检索情况，提出拟处理意见。"

〔2〕《司法责任制意见》第31条规定："审判委员会讨论案件时，合议庭对其汇报的事实负责，审判委员会委员对本人发表的意见及最终表决负责……审判委员会改变合议庭意见导致裁判错误的，由持多数意见的委员共同承担责任，合议庭不承担责任。审判委员会维持合议庭意见导致裁判错误的，由合议庭和持多数意见的委员共同承担责任……"

案件提交审委会固然是合议庭的优先选项，然而，将所有的案件均提交审委会却是不可能的。审委会将因此而不堪重负。因而，总有相当数量的案件只能由合议庭自主决策。在案件不能被提交审委会而必须由合议庭自主决策的情况下，合议庭成员又该如何使得自己的责任最小化？《司法责任制意见》第8条第1款[1]将专业法官会议定性为法律咨询机构。这就意味着合议庭不能通过将案件提交专业法官会议讨论而使得自身获得与审委会决策相同的责任。因此，合议庭成员就不得不立足于自身成员之中而寻求承担较少的责任。承办法官是案件事实认定的主要责任人。那么，在合议庭只能真正独立决策的前提下，针对法律适用问题，其他法官如何才能承担不多于承办法官的较少的责任？如果他和承办法官的意见一致（至少一人），在最常见的三人合议庭中，承办法官的意见自然是主流，这也就决定了裁判的结果。但这并不是此处所要讨论的情形。当承办法官与其他合议庭成员意见发生分歧时，如果承办法官属于少数意见，其他法官属于多数意见，他们就需要承担较承办法官更重的责任。那么，从趋利避害的角度考虑，其他法官如何才能避免这种情形的出现？想要承担更少的责任，其他法官唯一的办法就是让自己成为少数意见者。

然而，既然在笔者所要讨论情形下，承办法官已经是少数意见者而其他法官只能是非少数意见者（在意见初步形成的阶段），因此，其就无法通过让自己成为少数意见者而使得自身责任最小化。其只能选择通过改变自己的意见，使之与承办法官保持一致才能使得自己的责任等于或少于承办法官，而不是大于。当然，如果其对自身意见有着高度的自信，其可以坚持自身意见，一旦日后证明其意见正确，其自然无须承担法律适用中的责任。然而，这种情形总是很少出现。这是因为，在同一法院中，法官的专业水平、经验和审判能力基本上是相当的，很少存在法官审判素养显著

---

[1]《司法责任制意见》第8条第1款规定："人民法院可以分别建立由民事、刑事、行政等审判领域法官组成的专业法官会议，为合议庭正确理解和适用法律提供咨询意见。……"

高于其他法官的情形。在实践中，多数法官所面临的更多的是一种似是而非、难以充分说服自己和他人的情形。如果合议庭又不能将这种案件提交审委会以减少或规避责任，那么在不能完全确定、不具备高度自信的情形下，其他合议成员使自己责任最小化的唯一选择便是改变主意，使其与承办人保持一致。正因如此，在未提交审委会讨论的、合议庭审理的案件中，承办法官的意见往往和裁判的结果一致。

事实上，在承办法官属于少数意见者的情形中，其他法官如果不改变看法和其保持一致，很可能需要承担更多的审判任务。《进一步审监意见》第 11 条和第 12 条规定意味着如果合议庭其他法官不能够及时改变自己意见而与承办法官保持一致，即使他们属于多数意见者，合议庭亦不会立即按照该多数意见裁决，而是会将该案件提交专业法官会议，合议庭其他法官的工作量势必因此而增加。[1]更糟糕的是，即便他们的这种多数意见得到了专业法官会议的认同，依据该意见合议庭也仍然可以不按照他们的意见裁决，承办法官可以决定将该案件提交审委会，而是否提交则完全取决于承办法官。概言之，在承办法官意见属于少数意见的情况下，其他法官如果不能改变自己的意见与承办法官保持一致，不仅可能增加工作量，而且这种多数意见仍可能不被尊重而上升为合议庭的意见。故而，承办法官发挥着主导作用，包办了多数审判任务，发挥着权威作用，深刻地影响着其他成员意见及裁判结果。[2]正因如此，承办人的意见，特别是事实认定的意见，往往也就成了最终定案意见。

不平等的责任负担容易导致合议庭成员合议动力的不同，由此而衍生

---

[1] 《进一步审监意见》第 11 条规定："合议庭经评议认为案件具有下列情形之一的，应当由审判长提交主审法官会议研究讨论：（1）合议庭对案件处理存在重大分歧或承办法官持少数意见的；……"第 12 条规定："主审法官会议讨论案件之后，合议庭应当进行复议。合议庭复议多数意见与主审法官会议多数意见一致的，由承办法官按多数意见草拟裁判文书并由合议庭全体成员签署或层报院庭长决定是否提交审判委员会讨论；……"

[2] 张仲侠：《审判团队——以合议庭审判资源配置与规则重构为视角》，人民法院出版社2018 年版，第 55 页。

出合议成员在合议时付出的时间、精力、物力等资源的不同消耗。一个不需要对案件审理负责或负很少责任的法官，如果其又时常处于繁忙的状态，我们很难想象其对于案件审理、评议会和其他法官拥有同样的责任心和付出。而这正是我国从基层到最高人民法院，尤其是基层人民法院不少法官的常态。如前文所论，我国曾长期盛行承办法官负责制。这种责任制度对合议庭"形合实独"的形成产生了重大影响。如今，《司法责任制意见》第30条确立了合议庭成员共同而又有区别的责任。[1]然而，如欲实现合议庭成员的最佳博弈成果，不确立平等负责的原则就不能促使合议法官最大限度地实现合议时的平等负担。在笔者看来，合议庭成员的审判责任应是平等的，只有少量例外情况才应对其追究有别于其他合议庭成员的责任。例如，在追责时，对始终坚持自我意见的少数派成员，就不应予以追责。因而，较之共同而又有区别的责任，[2]我国更应坚持平等的责任承担原则。因而，当承办法官被要求代表合议庭向审委会汇报时，如果出现失误，亦不能要求其对案件的事实、汇报承担有别于其他合议法官的责任。[3]

概言之，在合议庭中，承办法官和非承办法官承担着明显不均衡的审判责任。然而，平等分工和平等负责的原则要求合议庭成员平等承担审判责任而不能由其中的任何一名法官承担更多的责任。例如，对于案件事实和案件汇报，合议庭的每一名成员均有义务和责任。因而，此种合议庭审判责任分配制度违背了平等分工和平等负责的原则。正因如此，这种不平衡的审判责任分配制度进一步加剧了非承办法官参与合议庭的形

---

[1]　《司法责任制意见》第30条规定："……合议庭成员对案件的事实认定和法律适用共同承担责任。进行违法审判责任追究时，根据合议庭成员是否存在违法审判行为、情节、合议庭成员发表意见的情况和过错程度合理确定各自责任。"

[2]　张晋红：《审判长制度与合议制度之冲突及协调——兼论合议制度的立法完善》，载《法学评论》2003年第6期，第131页。

[3]　张晋红：《审判长制度与合议制度之冲突及协调——兼论合议制度的立法完善》，载《法学评论》2003年第6期，第131页。

式化。

其次，刑事合议程序消解是院庭长主导的法官责任模式的后果。《司法责任制意见》第 25 条意味着，我国对法官的审判责任实行"故意违法+重大过失"的、终身负责制的责任追究模式。[1]其中，违法行为的审查处于中心地位。[2]依据司法责任的承担原因划分，我国同时存在着结果责任模式、过程责任模式和职业伦理责任模式三种司法责任形态。

结果责任模式，即因案件裁判错误而对负责的法官追责的模式；过程责任模式，即因审判过程中的严重程序违法而被追责的模式；职业伦理责任模式，即因违反职业伦理而对法官追责的模式。[3]例如，《司法责任制意见》第 26 条第 7 项所规定的就是对第一种和第二种责任的追究，[4]而《法官法》第 46 条第 8 项的规定则是对第三种责任的追究。[5]这三种责任模式并存于我国的各项规定中，而在实践中，对于法官的前两种责任的追究则比较常见，对其第三种责任的追究则为数不多。然而，前两种模式影响到了合议庭审判的专业性和独立性，第三种模式却存在实施的障碍。概言之，这三种责任模式使得现行司法责任依然存在巨大的风险。

一是结果责任模式强化了审判的行政化。案件审判结果仍然是法官绩效考评的主要评价对象。[6]在结果责任模式下，上级法院发还重审的案件和改判案件成了追究法官结果责任的主要标准。然而，这种标准却并不符

---

〔1〕《司法责任制意见》第 25 条规定："法官应当对其履行审判职责的行为承担责任，在职责范围内对办案质量终身负责。法官在审判工作中，故意违反法律法规的，或者因重大过失导致裁判错误并造成严重后果的，依法应当承担违法审判责任。法官有违反职业道德准则和纪律规定，接受案件当事人及相关人员的请客送礼、与律师进行不正当交往等违纪违法行为，依照法律及有关纪律规定另行处理。"

〔2〕 方乐：《法官责任制度的司法化改造》，载《法学》2019 年第 2 期，第 158 页。

〔3〕 陈瑞华：《司法体制改革导论》，法律出版社 2018 年版，第 185 页。

〔4〕《司法责任制意见》第 26 条第 7 项规定："其他故意违背法定程序、证据规则和法律明确规定违法审判的，或者因重大过失导致裁判结果错误并造成严重后果的。"

〔5〕《法官法》第 46 条第 8 项规定："……违反有关规定会见当事人及其代理人的；……"

〔6〕 华小鹏：《法官绩效考核的终极目标及实现路径研究》，载《法学杂志》2020 年第 10 期，第 104 页。

合司法规律。其一，法官所能了解的是法律事实而非案件真相。由于具有不可还原性，案件事实很可能与法律事实存在较大的出入。法官通过庭审所得到的只是碎片化的、不完整的信息，而非全部的、完整的案情信息。作为一个与案件无利害关系的，并不亲历案件发生过程与侦查过程的裁判者，其只能借助庭审来判断法律事实，而从法律事实到案件真相则存在很大的距离。其二，法官在很多时候不得不对存疑的案件事实作出认定。不少既存在肯定性证据又存在否定性证据的事实，即便经过质证，其证据的真实性往往仍然难以断定。"事实清楚，证据确实充分"是我国刑事案件的定罪标准。然而，在实践中，要求所有认定的事实都达到"确实充分"的要求是很难做到的。正因如此，只要事实达到"排除合理怀疑"，就会被认定。"排除合理怀疑"并不意味着排除所有怀疑，更不意味着必然无任何实质性的疑点。显然，从"确实充分"到"排除合理怀疑"，证明标准下滑了。故而，"错误裁判结果"中的事实在不同的法院、不同的审判和不同的法官处理中有着不同的认定。从根本上说，所谓正确的事实认定是不存在的。在所谓的"错案"缺乏客观、科学标准[1]的前提下，各级人民法院以上级法院改判或发还重审的结果为标准来追究负责该案件的原法官的审判责任是不妥的。[2]因此，"结果责任属于行政化产物"，[3]科层制则是这种追责模式产生的制度化结构成因。当然，《司法责任制意见》第28条第2项规定了法官免责情形。[4]然而，该项的"合理说明"为何？这又是一个"仁者见仁、智者见智"的混沌概念。更何况，"重大过失"本身就是本轮司法责任制改革的法官归责的主观形式之一。

---

〔1〕　金泽刚：《司法改革背景下的司法责任制》，载《东方法学》2015年第6期，第133页。

〔2〕　叶汉杰：《审判责任追究标准的困境与出路》，载《中山大学法律评论》2019年第1期，第145页。

〔3〕　徐胜萍、张雪花：《司法改革语境下合议制度理论的借鉴与重构》，载《法学杂志》2017年第12期，第104页。

〔4〕　《司法责任制意见》第28条第2项规定："对案件基本事实的判断存在争议或者疑问，根据证据规则能够予以合理说明的。"

在这种模式下，法官将因自己对案件事实的认识而被追责，并因此而形成与案件裁判结果的利益关联。于是，一种普遍的心理恐慌产生了：谁独立裁判，谁将可能受罚。[1]为此，为了摆脱这种恐慌和责任，避免所裁案件被认定为"错案"，职业法官不得不尽可能地将案件评议权和决定权转移给院庭长和审委会。[2]正因如此，法院系统去行政化的改革效果势必因此而大打折扣，反而带来了更严重的行政化问题。

二是过程责任模式违背了惩罚的必要性原则，加剧了法官的行政化。《司法责任制意见》《法官法》等规定要求对故意违反法定程序的法官进行处罚，甚至并不要求造成严重后果。我国《刑事诉讼法》已经确立了对违反程序的裁判撤销原判、发还重审的程序性制裁制度。这就在客观上加重了原审法院的负担，并使得原审法官可能因此而影响到绩效考评。我国从通过法律职业资格考试的人员中选拔法官的制度已经推行多年，加之法官员额制改革，法官队伍的整体素质已经大幅攀升。在这种前提下，动辄继续追究违反法定程序法官的责任是否会使得其所担责任与所犯过错失去比例平衡？是否还有必要？从实践上来看，此种追责很少启动，法官因为办案质量被追责的情形已十分少见，[3]尤其是在将该种追责模式附加"严重后果"的条件后，实际的追责就更少了。[4]同结果责任模式，这种动辄将法官审判责任与程序违法紧密绑定的做法势必会使法官在审判时畏首畏尾，尽力服从甚至主动揣摩和迎合院庭长意见，从而丧失审判的独立性。

三是着眼于实现独立审判的职业伦理模式的推行遇到巨大阻力。其一是法官的去行政化仍未实现。尽管有着相应的职务序列，但在人民法院内

---

[1] 陈瑞华：《司法体制改革导论》，法律出版社2018年版，第185页。

[2] 方乐：《法官责任制度的功能期待会落空吗?》，载《法制与社会发展》2020年第3期，第78页。

[3] 陈瑞华：《司法体制改革导论》，法律出版社2018年版，第204页。

[4] 徐胜萍、张雪花：《司法改革语境下合议制度理论的借鉴与重构》，载《法学杂志》2017年第12期，第105页。

部，每一个法官依旧有着行政级别，人民法院内部依旧设立着众多的副院长、庭长和副庭长职位。合议庭法官仍然要受到前述司法官员的管理。法官的考核与追责主要由前述官员来调查和决定。同时，按照权责一致的原则，主审法官有着比改革前更大的责任。然而，如前文所论，仅有省一级机构设置的法官惩戒委员会并不能担负起调查和追究法官审判责任的重任。在这种前提下，实现法官责任追究的独立化改革效果有限。其二是人民法院的去地方化仍未彻底实现。改革实现了地方法院系统人、财、物的省级统筹，然而却没有实现省级人民法院的地方化问题。省级人民法院人、财、物仍然要受到省级地方政府的影响。与此同时，省级人民法院设立着全省法官惩戒（遴选）委员会，负责着全省法院财政预算的编制。这就势必使得省级人民法院对其下辖各地方人民法院的影响力大为增强。这些都使得各级地方人民法院的独立审判尚未彻底实现，最终通过院庭长的管理传导给合议庭法官，影响着法官的裁判。这些都消减了职业伦理模式的法官责任制改革效果，并影响着合议庭的独立审判。此外，对于最高人民法院院长的部分案件审批权则是改革遗留的尾巴，该权力的行使直接剥夺了合议庭的决策权，此处不作赘述。

最后，刑事合议程序消解是院庭长主导的法院调查和追责部门不当设置的后果。司法责任制改革建立了省一级的法官惩戒（遴选）委员会，以实现对法官的惩罚的独立化，从而破除法院行政化管理模式的弊端。然而，在法官惩戒（遴选）委员会建立的同时却依然未能取消原有的法官纪检监察部门和审判责任评查与追责部门。与此同时，《关于建立法官、检察官惩戒制度的意见（试行）》（以下简称《惩戒意见》）第3条意味着，法官惩戒委员会并不拥有对法官的调查权，而该项权力被院长主导的各级法院行使。[1]相反，在法院系统内部，案件管理部门的职责增加；在

---

〔1〕《惩戒意见》第3条规定："人民法院、人民检察院负责对法官、检察官涉嫌违反审判、检察职责行为进行调查核实，并根据法官、检察官惩戒委员会的意见作出处理决定。"

法院外部，纪检监察部门则以派驻形式强化着对法官的监管。就派驻纪检监察部门而言，尽管法院系统内部失去了纪检监察权，但就实际情形而言，院长通过行使对于违纪违法法官的处罚建议权依然主导着派驻纪检组织的工作。《司法责任制意见》第 34 条第 1 款和第 36 条第 1 款意味着，对内而言，通过对案件的管理，院长又借助委托审查权、提请讨论权、追责决定权主导着对于法官审判责任的追究（实行派驻纪检组制度后，依然如此）。[1] "两种机制的并存与冲突是法官追责的职业伦理模式与办案责任模式的博弈。"[2] 它使得审判权力的运行依旧呈现出高度集中的行政化特点。

当然，这与改革的协调性不强是分不开的。当前的法官惩戒（遴选）委员会仅仅设在省一级，且其人员稀少、难以单独完成调查和惩戒法官的任务。然而，面对一省数以千计甚或万计的法官违纪违法行为，毫无疑问，仅仅只有一个省一级的惩戒委员会是难以承担起这份重任的。没有贯穿省、市、县三级的法官调查和惩戒系统的存在，这种的工作必然无以展开。这就使得该委员会的运作势必依赖于法院内部调查工作的先行进展，甚至在很大程度上被其"牵着鼻子走"。加之层层传导，"其能发挥多大作用值得怀疑"。[3] 更何况，要实现彻底的法官追责制度改革，还必须处理好纪检监察部门对于法院系统的权力行使问题。尽管《司法责任制意见》第 25 条第 3 款规定了分别追责的原则，[4] 但由于法官的道德责任、纪律

---

〔1〕《司法责任制意见》第 34 条第 1 款规定："需要追究违法审判责任的，一般由院长、审判监督部门或者审判管理部门提出初步意见，由院长委托审判监督部门审查或者提请审判委员会进行讨论，经审查初步认定有关人员具有本意见所列违法审判责任追究情形的，人民法院监察部门应当启动违法审判责任追究程序。"第 36 条第 1 款又规定："人民法院监察部门经调查后，认为应当追究法官违法审判责任的，应当报请院长决定，并报送（区、市）法官惩戒委员会审议。"

〔2〕 陈瑞华：《司法体制改革导论》，法律出版社 2018 年版，第 214 页。

〔3〕 徐胜萍、张雪花：《司法改革语境下合议制度理论的借鉴与重构》，载《法学杂志》2017 年第 12 期，第 105 页。

〔4〕《司法责任制意见》第 25 条第 3 款规定："法官有违反职业道德准则和纪律规定，接受案件当事人及相关人员的请客送礼、与律师进行不正当交往等违纪违法行为，依照法律及有关纪律规定另行处理。"

责任往往与其审判职责和审判业务密切相关，因此将法官的司法责任严格区分并交由不同的部门处理可能很难实现。例如，《司法责任制意见》第26条第2项所规定情形[1]的司法责任究竟是应当由纪检监察机关确定还是由法官惩戒委员会最终定责？尽管该意见规定应由法官惩戒委员会负责，但在人民法院实行纪检监察机关派驻制度后，纪检监察机关却往往不会将案件报送省一级的法官惩戒委员会。现实的逻辑却并不意味着自身存在就完全合理。对于这些重大问题，还有待改革的深入化解和开展。

此外，上级人民法院对下级人民法院监督权的异化也在一定程度上影响和塑造着刑事合议庭裁判权的转移和合议程序的消解。然而，这种在实践中渐成惯例的做法却并非我国在全国范围内正式确立的、具有强制效力的司法制度。从内容上看，与其称其为司法制度，倒不如将其视为一种社会管理方式。因而，作为一部研究法律制度问题的论文，本书不拟将这种现象成因作为研究和分析的对象。当然，这并不意味着这些现象对刑事审判合议制度的影响不重要。

---

〔1〕　指"违反规定私自办案或者制造虚假案件的"情形。

# 第五章

# 刑事审判合议制适用范围和合议庭分工及考核制之完善

探讨刑事审判合议制度的适用范围，离不开价值分析。刑事审判合议制度的适用范围应予以压缩。刑事审判合议制度的完善应坚持三项原则。

## 第一节　刑事审判合议制度适用范围的变革

### 一、合议制的劣势评析

在刑事司法领域，群体决策就体现为刑事审判合议制度。然而，这并不意味着刑事审判合议制度就比刑事独任制度优越。反观发达国家的刑事司法趋势，合议制的适用范围日益得到压缩。这是和合议制裁判质量和经济性考量分不开的。从经济性角度考量，刑事审判合议制度弊端日益凸显。

首先，合议制度司法效率较低。在我国，为了甄选人民陪审员，司法行政机关需要与审判机关、公安机关协商后并按照5倍于需要任命的人民陪审员的数量从常住居民中筛选，并进行资格审查、确定人选、提请任命、任命、公开宣誓等工作。为了保障陪审工作的顺利进行，不少地方还会对人民陪审员进行集中培训。此外，司法行政机关和审判机关还要负责对人民陪审员的管理，审判机关还要对人民陪审员的食宿交通进行补贴。毫无疑问，人民陪审员制度增大了财政资源的消耗，使得司法行政机关和审判机关更多地消耗了人力和物力。在由职业法官组成的合议庭中，如果法官足够负责且有较大的分歧，合议庭就可能久审不决。在美国，据统计：采用陪审团审理的案件要比职业法官裁判的案件多耗费高达 20%～30%的时长。[1]正如美国先贤汉密尔顿所讲，如果人人都像苏格拉底一样，雅典议会就只会成为乌合之众表演的殿堂。[2]较之独任制，显然，合议制有着更低的司法效率。[3]从这个角度来看，有时，合议制度的优点也会成为其缺点。[4]

其次，合议庭法官可能会有更低的责任意识和使命感。当适用合议制审理时，现行制度一般只追究合议庭的整体责任而不单独追究法官个人责任，尤其是很少追究承办法官以外的合议庭成员的责任。这导致一部分作为合议庭成员的法官，尤其是承办法官以外的法官可能缺乏和独任制一样强烈的责任意识和使命感。由于责任分担，一部分合议庭成员的风险意识大幅降低，甚至可能出现一些官僚主义现象。

最后，合议庭法官的冒险意识较为强烈。合议制使得法官的责任被分散，使得每位法官都有机会在必要时推诿责任。这大大增强了他们的冒险意识。这种行为和倾向可以被以下几个理论更好地解释：一是风险分散假说。该说认为，群体决策会使得个人的愧疚感大为降低，并更愿意承受风险以作出决策。[5]二是文化观假说。该说认为，文化价值观直接影响了人们对待风险的态度，由于敢冒风险往往被认为是"忠诚"和"勇敢"的象征，群体讨论往往会强化这种敢冒风险的"忠诚"，并使得群成员从众决策，甚至使得群体冒险的倾向超过实际水平。三是规劝假说。该说假定冒

---

〔1〕　刘世强：《刑事合议制度研究》，中国政法大学出版社 2014 年版，第 91 页。

〔2〕　[美] 汉密尔顿、杰伊、麦迪逊：《联邦党人文集》，程逢如、在汉、舒逊译，商务印书馆 1980 年版，第 283 页。

〔3〕　孙晓楼：《两大法系法院组织之比较》载《中德法学论坛》2008 年第 0 期，第 166 页。

〔4〕　沈寿文：《合议制的性质与合议庭的异化》，载《中国宪法年刊》2015 年第 0 期，第 102 页。

〔5〕　张雪纯：《我国合议制裁判的缺陷及其完善——基于决策理论的分析》，载《法学家》2009 年第 3 期，第 110 页。

险者在群体中往往更具有影响力和说服力，并认为随着群体意见的趋同，冒险倾向也会受到扩张。[1]四是明朗化假说。[2]该说认为，随着讨论的开展和深入，成员获得了更多的信息，也对预想的决策方案有了更为透彻的了解和理解，因而有了更强的冒险意识。

概言之，合议制是柄"双刃剑"。故而，从诉讼经济角度考虑，合议制的适用应更为谨慎，并以必要性为原则。这启示我们，在审判领域案多人少的大背景下，要进一步压缩刑事审判合议制度的适用范围。

## 二、刑事审判合议制度的改革方向

我国实行以合议制度为主、以独任制度为例外的刑事审判制度。在基层，除简易程序和速裁程序可以适用独任制度以外，其他案件一律适用合议制度；在高级人民法院和最高人民法院则一律适用合议制度。合议制度成了集思广益、提高法官能力和防止个别法官独裁专断的重要制度。如前文所论，我国刑事审判合议制度"名存实亡"，合议庭在形式上进行审判，而承办法官则往往在实质上掌控着刑事审判权。同时，合议制度无论是组成还是运行都比独任制度的成本要高出很多，特别是在合议庭成员意见不一时，为解决这种分歧甚至需要法官专业委员会的参与和审委会的讨论和决定。在这种情形下，刑事案件的诉讼效率是可想而知的。

与此同时，在员额制改革的背景下，法官人数锐减进一步加剧了我国法院"案多人少"的矛盾。在改革前，法院"案多人少"的问题就已经较为突出；在推行后，由于大量的法官不能入额，失去了继续审判的职权，可以从事审判的法官数量进一步压缩。较之员额制改革前，单个法官所承担的案件数量已在原来的2倍以上。如果继续这样下去，由于数量和比例的限制，员额法官只会不堪重负。此外，随着审判责任终身制的推行，即

---

[1] Scott R. Meinke & Kevin M. Scott, "Collegial Influence and Judicial Voting Change: The Effect of Membership Change on U. S. Supreme Court Justices", *Law & Society Review*, 41 (2007), p. 934.

[2] 刘世强：《刑事合议制度研究》，中国政法大学出版社2014年版，第93~94页。

便在司法责任制改革的当下，由于责任难以分清，对合议庭中法官的追责也依然比较困难。正因如此，从诉讼经济的角度考量，压缩合议制的适用范围，更多地采用独任制，[1]解燃眉之急，就显得迫切而又必要了。

### 三、刑事审判合议制度的适用原则

对刑事审判合议制度的适用，应遵循必要性原则。面对我国目前合议制适用范围较宽的弊端，笔者以为，我国应采用"节流型模式"[2]，运用以下原则，来合理界定合议制的适用范围。

（一）尊重被告人合议制选择意愿的原则

1. 福利经济学的启示

在福利经济学[3]看来，在充分竞争的市场环境中，生产者和消费者都出于逐利目的进行交易，并实现自我利益的最大化，而实现市场最大福利的原则则是消费者和生产者都以其自身对市场要素的理解、掌握情况和自身爱好、需要等各种因素来自由选择消费或生产则即可实现最大效用或最大利益，而这一切的根本则是消费者的爱好和选择是决定消费者和生产者最大福利的关键。

博登海默认为，任何一个国家、任何一个社会都需要平衡安全、自由和秩序，而共同福利则成了这三者平衡的界限。因而，"正义应该提出这样一个要求，即赋予人的自由、平等和安全应当是在最大程度上与共同福利相一致"。[4]刑事审判合议制度同样以平衡自由、安全和秩序、增进社

---

会福利、实现公平正义为其存在的目的和价值。因而，刑事审判合议制度欲实现其司法福利最大化，就应当实现主客观的统一和对被告人意愿的最大尊重。[1]

首先，福利经济学要求实现对主客观的统一，尊重被告人意愿。美国联邦法院法官卡多佐曾提出，社会福利而非正义才是法律的终极目的。何为福利？尽管这一语词充满了主观主义色彩，但却并未排斥客观。在福利经济学中，财富等客观福利的增加离不开主体的意愿。因而，在刑事审判合议制度中，如果不能充分尊重被告人的主观能动性，就无法实现其司法程序福利，也即被告人的公正审判和合法权益保障的最大化。毕竟，对被告人的公正审判才是刑事审判的核心。故而，实现刑事审判合议制度的福利最大化，必须尊重被告人的合理意愿，实现主客观的统一。

其次，福利经济学要求实现对被告人合理意愿的最大尊重。个体的福利离不开其对自身处境的深刻感受和理智判断。尽管一些个体并不能总是做到对其福利的理智判断和最佳选择，但总体而言，多数个体总能结合自身处境，根据个人偏好作出最有利于自己、最能增进自身福利的理智选择。在福利经济学中，个体选择才是增进社会福利并使之拥有最高效率的关键因素。在刑事审判中，如果直接设定合议制的适用范围而不允许被告人自主选择，就无异于将司法福利强加于被告人。这样不仅可能无益于被告人司法福利的增进，还会浪费二审司法资源。

2. 刑事审判合议制度的适用应尊重当事人的选择权

在刑事审判中，职权主义刑事审判强调实体真实，而当事人主义审判则强调程序正当和程序决定实体。然而，无论是哪种审判模式，公正和效率都是其最为重要的追求。在当代，两种审判模式存在取长补短、相互融合的明显趋势。在前一种审判模式中，引入协商机制，尊重当事人程序选

---

[1] 王海军：《刑事审判模式的经济分析——以当事人主义为中心》，中国政法大学出版社2013年版，第145页。

择权成了新兴的潮流。例如，德国、日本和中国都建立了量刑协商的机制，而被告人则充分享有对这一程序的自主选择权。如今，两种模式的刑事审判都凸显了以下四个特征：[1]①职责统一，分工清晰。审判中立、控审分离和控辩平等武装的原则得到了确立。这就为控辩之间生产和交换司法福利奠定了清晰的界线和基础，契合了福利经济学的效率原则。②实行控辩平等武装和平等对抗原则。控辩平等武装原则和平等对抗原则彰显了司法的竞争特征。福利经济学认为，正是自由竞争才使得社会经济福利最大化。③承认了司法中自由交易的地位。在我国认罪认罚案件中，被害人和犯罪嫌疑人可以充分协商。④被告人的自主处分权得到了尊重。例如，在认罪认罚案件中，是否选择认罪认罚取决于当事人，而司法机关运用认罪认罚程序的前提则是当事人的选择。这就契合了福利经济学的个体是对自身福利最佳判断者的理论。

　　因而，如果将刑事审判合议制度的适用确立为被告人的权利，赋予被告人以选择权，则不仅体现了职责统一、分工清晰和司法竞争的特征，而且也体现了刑事审判对被告人处分权的合理尊重，实现了被告人是其司法福利的最佳判断者的福利经济学主张。从经济学角度考虑，赋予被告人以选择适用合议制或独任制的选择权，有助于借助实体利益和程序利益的平衡，实现被告人和法院成本最小化、效益最大化的目标。事实上，赋予被告人该项权利并不影响国家利益、社会利益及他人利益。显然，当被告人选择独任制审理时，司法资源还得到了节约。与此同时，对于这种程序的选择权还有助于被告人实现对公正审判、效率、羁押场所等可能影响自身利益的因素的调配，从而实现自身利益的最大化。这种程序选择权类似于赋予了被告人对程序的一种新的处分权。[2]因此，赋予被告人此种选择权

---

　　[1]　王海军：《刑事审判模式的经济分析——以当事人主义为中心》，中国政法大学出版社2013年版，第146~148页。

　　[2]　彭世忠：《程序选择权及其法经济学思考》，载《西南政法大学学报》2003年第6期，第16页。

进一步拓展了被告人的权利范围，符合当代宪法控制公权力、扩大私权利的发展趋势。概言之，在刑事审判中，尊重被告人的合议制适用选择权，确立被告人对合议制适用的选择权，不仅可以提高司资源利用效率，而且还是促进被告人司法福利的最有效制度。

（二）只有疑难、复杂、重大案件方可适用的原则

如前文所论，合议制不仅司法成本高、效率较低，而且其决策质量亦未必总是高于独任制。因而，从发挥合议制优势来看，应当慎用该制度，确立只有疑难、复杂和重大案件方可适用的原则。在基层人民法院，由于此类案件往往不高于全部案件的10%，因而独任制就会成为基层人民法院的基本审理方式；[1]在中级人民法院，在那些由上诉或抗诉引发的二审案件中，大量案件并不符合重大、疑难和复杂的标准。将此类案件适用于独任制后，司法资源将得到更进一步的节约。而那些由中级人民法院直接受理的案件，由于其本身即符合重大、疑难和复杂案件的标准，则无需改变。同理，由高级人民法院、最高人民法院审理的案件，同样符合合议制适用的基本条件。如此一来，刑事审判效率将大幅增长。

在这里，本书需要进一步明确的是，何为由上诉或抗诉引发的二审案件中的重大、疑难和复杂案件。《刑事诉讼法》第21~23条就中级、高级和最高人民法院的管辖作出了规定。中级人民法院管辖危害国家安全和恐怖活动案件及可能判处无期徒刑、死刑案件；高级人民法院和最高人民法院则分别管辖全省级区域和全国区域的重大刑事案件。中级人民法院管辖的一审案件和高级人民法院、最高人民法院管辖的案件属重大、疑难和复杂案件当无疑问。需要探讨的就是，基层人民法院案件和中级人民法院所管辖的上诉或抗诉案件是否需要组成合议庭审理。《刑事诉讼法》第234条对中级人民法院二审开庭审理的案件作出了规定。它将被告人、自诉人

---

〔1〕 左卫民、吴卫军：《"形合实独"：中国合议制度的困境与出路》，载《法制与社会发展》2002年第2期，第67页。

及其法定代理人对一审所认定事实、证据有异议且可能影响定罪与量刑的
上诉案件、人民检察院抗诉的案件和被告人被判处死刑的上诉刑案件明确
规定为应当采用合议制开庭审理的案件。观察可知，在这些案件中，被告
人被判处死刑的上诉案件关涉被告人的生命权，属重大案件无疑；由于
《刑事诉讼法》规定检察机关抗诉的法定事由是认为一审判决确有失误，
因而将此类案件视为重大案件亦无不妥；因异议而可能影响定罪量刑的上
诉案件，则不仅需要被告人、自诉人及其法定代理人提出异议，还需要二
审法院审查认定这些异议可能影响定罪量刑，因而将此类案件列为二审重
大案件亦无悬念。

　　那么，在基层人民法院管辖的案件和中级人民法院受理的上诉或抗诉
刑事案件中，究竟哪些案件可以被视为重大、疑难、复杂案件？这似乎是
一个见仁见智的问题。[1]在笔者看来，无论如何，一个可以参照的范围是
审委会应当讨论决定的案件范围。"合议庭审理案件的范围大体上与审判
委员会讨论案件的范围保持一致。"[2]《审委会工作意见》第 8 条就各级法
院应当提请审委会讨论的案件范围作出了规定。[3]依据该规定，基层人民
法院和中级人民法院审理案件中的重大、疑难和复杂案件可以参照该范围
确定。具体而言，基层人民法院需要适用刑事审判合议制度审理的重大、
疑难、复杂案件的范围可以被确定为：①涉及国家安全、外交、社会稳定
等敏感案件；②本院已经发生法律效力的判决、裁定、调解书等确有错误
需要再审的案件；③法律适用规则不明的新类型案件；④拟宣告被告人无

---

〔1〕　刘练军：《法定法官原则：审判委员会改革的新路径》，载《北方法学》2018 年第 6 期，
第 109 页。

〔2〕　陈瑞华：《司法体制改革导论》，法律出版社 2018 年版，第 277 页。

〔3〕　《审委会工作意见》第 8 条规定："各级人民法院审理的下列案件，应当提交审判委员
会讨论决定：（1）涉及国家安全、外交、社会稳定等敏感案件和重大、疑难、复杂案件；（2）本
院已经发生法律效力的判决、裁定、调解书等确有错误需要再审的案件；（3）同级人民检察院依
照审判监督程序提出抗诉的刑事案件；（4）法律适用规则不明的新类型案件；（5）拟宣告被告人
无罪的案件；（6）拟在法定刑以下判处刑罚或者免予刑事处罚的案件；高级人民法院、中级人民
法院拟判处死刑的案件，应当提交本院审判委员会讨论决定。"

罪的案件；⑤拟在法定刑以下判处刑罚或者免予刑事处罚的案件。中级人民法院因上诉和抗诉而需要适用刑事审判合议制度审理的重大、疑难和复杂案件则不仅应包括前述基层人民法院重大、疑难和复杂案件，而且还应包括危害国家安全和恐怖活动案件、死刑案件、抗诉案件和被告人、自诉人及其法定代理人对定罪和量刑有异议且可能影响定罪量刑的案件。

（三）从低到高逐级增加合议庭适用频率的原则

由前文对基层、中级、高级和最高人民法院重大、疑难、复杂案件范围的分析可以看出，随着审级的不断提高，合议制的适用范围在不断扩大，至最高人民法院为止。因而，我们又可以推导出另一个原则：从低到高逐级增加合议庭适用频率的原则。需要指出的是，高级人民法院和最高人民法院所审理的刑事案件都属于应当适用合议制审理的范围。当然，这并不意味着高级人民法院和最高人民法院的所有案件都必须适用合议制审理。

## 四、刑事审判合议制度适用范围的完善

前文对适用刑事审判合议制度的原则作出了规定。正如学者所言："与其借助合议庭制度对承办人制度的遮遮掩掩，不如将承办人制度独立化，与独任制审判合一，适度扩大独任审判范围。"[1]因而，合议制适用范围就应当根据上述原则，通过上述原则的融合来确立。

就基层人民法院而言，其应当适用合议制度审理的范围包括：①涉及国家安全、外交、社会稳定等敏感情况且被告人选择适用合议制度的案件；②本院已经发生法律效力的判决、裁定、调解书等确有错误需要再审且被告人选择适用合议制度的案件；③法律适用规则不明且被告人选择适用合议制度的新类型案件；④拟宣告被告人无罪且被告人选择适用合议制

---

[1] 姜金良：《司法改革中合议庭负责制——走出"形合实独"的困境》，载《东南法学》2015年第1期，第199页。

度的案件；⑤拟在法定刑以下判处刑罚或者免予刑事处罚且被告人选择适用合议制度的案件。

中级人民法院适用刑事审判合议制度审理的案件范围应在现行规定基础上适当压缩。《刑事诉讼法》第183条确立了中级人民法院审理刑事案件适用合议庭的制度。这一范围过于宽泛。如前文所论，中级人民法院因上诉和抗诉而需要适用合议制度审理的案件中的重大、疑难和复杂案件则不仅应包括前述基层人民法院重大、疑难和复杂案件，而且还应包括恐怖活动案件和《刑事诉讼法》第234条第1~3项内容所涉及的案件。[1]因而，中级人民法院需要采用刑事审判合议制度审理的案件具体应包括：①涉及国家安全、外交、社会稳定等敏感情况且被告人选择适用合议制度的案件；②本院已经发生法律效力的判决、裁定、调解书等确有错误需要再审且被告人选择适用合议制度；③法律适用规则不明且被告人选择适用合议制度的新类型案件；④拟宣告被告人无罪且被告人选择适用合议制度的案件；⑤拟在法定刑以下判处刑罚或者免予刑事处罚且被告人选择适用合议制度的案件；⑥被告人选择适用合议制度的恐怖活动案件；⑦被告人选择适用合议制度的死刑和无期徒刑案件；⑧被告人、自诉人及其法定代理人对定罪和量刑有异议，可能影响定罪量刑且选择合议制度的案件。

就高级人民法院和最高人民法院刑事审判合议制度的适用而言，由于该两级人民法院审理的皆为省级区域或全国有重大影响的案件，因此在合议制度的适用上，应坚持以合议制度为主、独任制为例外的原则，只要被告人未明确反对适用合议制度，就应当适用合议制。在这里，同样坚持了尊重被告人合议制适用选择权的原则，稍有不同的是，鼓励被告人更多地适用合议制度。

---

〔1〕　这一内容具体包括死刑案件、抗诉案件和被告人、自诉人及其法定代理人对定罪和量刑有异议且可能影响定罪量刑的案件。

## 第二节　刑事合议庭分工和考核制度的完善

博弈论为认识刑事合议提供了新的视角。它给刑事合议庭的分工带来了不少启示。刑事合议庭应坚持平等分工和平等考核的原则与实质性参与原则。

### 一、博弈论视角下的刑事审判合议制度

人的社会性决定了任何个体的明智决策都不能仅仅只是孤立地自我判断。正因如此，博弈论为群体决策提供了深刻的理论视角。刑事合议庭的分工亦可受到很多启发。

群体性、策略性、互动性和理性是博弈论的四个特征。[1]其中，互动性指涉的是个体参与对于群成员意见形成和群体决策结果的影响；策略性则强调群成员在个体意见形成时对其他群成员的依赖性和自我调适性；而理性和群体性则自不待言，因为失去了群体环境，而仅仅只由个体自我决策时，博弈论便失去了用武之地，而失去了理性，任何理论亦便失去了光彩。

刑事合议的过程亦可被视为一种成员角逐和竞争的博弈过程。[2]刑事审判合议制度，即是一个群体决策的司法制度。在合议庭成员真正合议案件时，每位法官都需要与其他法官不断地进行信息交流和策略互动，又都不同程度地影响着彼此最终意见的形成。正是这种或平和或激烈的交流和互动才使得合议庭成员在互相斗争的同时存在着妥协，在彼此冲突的同时存在着合作和平衡。譬如，任何一位合议庭的法官在提出自己的初步意见

---

〔1〕 王海军：《刑事审判模式的经济分析——以当事人主义为中心》，中国政法大学出版社2013年版，第131页。

〔2〕 〔法〕埃哈尔·费埃德伯格：《权力与规则——组织行动的动力》，张月等译，上海人民出版社2005年版，第49页。

后，通过与其他法官的交流和互动，在经过理性思考和利弊分析后，都可能会修正、改变和完善自身的观点，从而为合议庭最终决策的作出打下基础。在此种决策中，其他法官的意见对其有着重大影响。当然，还有一种可能是，尽管经历了与其他法官之间的激烈互动，但出于某种动机，其依然坚持自身观点而不能接受其他法官的意见，并通过表达以试图改变其他法官意见。为此，其还要采取各种策略。然而，无论其观点是否改变，这种互动性和策略性都体现了博弈论在合议案件时的应用。而这两个特征正是博弈论的核心要素。

事实上，法官在合议案件时还可能会受到外界因素的影响，而不仅仅是其他法官。法官决策往往还会非常人性地对劳动力市场条件作出回应。[1]影响其最终裁判的绝不仅仅是规则和其他法官的观点，而是众多的社会综合因素。"利益集团的左右、社会舆论的压力、道德的束缚、判决后果甚至心理因素都可能对法官的裁判行为造成重大影响。"[2]此外，各位法官对该案件所获得的信息是否大体相同、对案件的熟悉程度、合议庭的法官是否要承担整体上相等的责任，更是深刻地影响着每位法官最终意见的形成，最终影响了合议庭决策的作出。可见，在合议制司法裁判中，多种竞争性要素的彼此影响和互动均影响着法官个体的最终意见并从根本上决定了裁判意见的最终作出。

故而，以博弈论为视角，决策和均衡构成了刑事合议的核心问题。作为追求公正的制度，刑事审判合议必须以事实和法律为标尺。这就要求刑事合议中的博弈必须在法律和事实的拘束下寻求正当性。在不少重大、疑难和复杂案件中，如何认定事实和如何适用法律并量刑并不是一个容易解决的问题，而司法的正当性更是一个见仁见智的问题。由此，合议庭裁决意见的作出就转化为了合议庭成员在内外因素的综合影响下的互相博弈。

---

〔1〕 ［美］理查德·波斯纳：《法官如何思考》，苏力译，北京大学出版社 2009 年版，第 2～7 页。

〔2〕 刘世强：《刑事合议制度研究》，中国政法大学出版社 2014 年版，第 132 页。

## 二、博弈论对刑事合议庭分工的启示

在博弈论看来，个体决策是博弈论的基础，均衡则是参与人实现其效用最大化的最佳状态。因而，在刑事合议中，如何选择其最大化预期效应的函数，使得自己的裁判观点尽可能得到更多的其他合议庭成员的认可并最终胜出，以实现均衡就成了合议庭成员的个体目标和任务。

（一）群成员要能够实质性地参与博弈

博弈论的首要要求是群成员能够实质性地参与博弈。这就需要以程序参与为原则。程序参与是正当程序原则的基本要求和表现。它要求博弈的各方必须实质性地参与博弈。只有各方均实质性地参与，博弈的均衡才能尽快得到实现。诉讼中的参与可被分为"直接参加""间接参加"和"参加机会的保障"。"直接参加"指诉讼利害关系人直接介入诉讼并实质性参与诉讼活动；"间接参加"指潜在关系人委派代理人参与诉讼活动；"参加机会保障"则指只要给予了实质性参与的机会即实现了参与的目的。[1]这一分类同样可以被用到刑事审判合议制度实践中。在合议中，合议庭成员的参与同样可以被分为"直接参加""间接参加"和"参加机会的保障"。合议庭成员直接参与合议且真正地自主表达意见则是直接参加；"间接参加"并非合议庭成员参与合议的方式；"参加机会的保障"体现为必须保障合议庭成员实质性参与合议，而不能出现"合而不议""形合实独"等现象。因而，保障合议庭成员可以实质性地参与合议则是博弈论的要求。

（二）合议庭成员的角色要均衡

博弈论理性特征的另一要求则是合议庭成员的角色均衡。"我们在很大程度上是根据自己所处的位置来决定行为方式。实际上，行为人在特定

---

[1] [日] 谷口安平：《程序的正义与诉讼》（增补本），王亚新、刘荣军译，中国政法大学出版社 2002 年版，第 12~16 页。

位置上所采取的行动存在一个可以被接受的限度。"[1]在刑事合议中，这种"特定的位置"即是合议庭成员所处的地位。没有这种平等的地位，则博弈的理性便荡然无存，博弈的质量将难以得到保证，博弈的结果亦必然难以实现最佳状态。依据司法解释的规定，[2]为何院庭长此时要担任审判长而其他合议庭成员不可担任？这就在制度上塑造了院庭长和其他合议庭成员之间地位和角色的不平等。在实践中，在院庭长担任审判长并提出实质性意见时，若合议庭成员意见存在分歧，难以作出裁判，最终的裁判往往按照院庭长的意见作出（此时承办人将无法主导合议庭意见作出）。这就印证了院庭长与其他合议庭成员之间的地位不平等。而在没有院长、庭长参与的场合，最终的裁判又往往按照承办法官的意见作出。这说明，承办法官和合议庭的其他成员之间亦存在地位的不平等。这种地位的不平等不利于合议庭成员的理性参与，亦不利于实现合议均衡。

### 三、刑事合议庭分工和考核的原则

要想最大限度地实现合议庭裁决的合法性、公正性，就必须充分调动合议庭成员的积极性、能动性并实现彼此的平衡和妥协，以避免诉讼拖延和久裁不决。总结博弈论对合议庭分工的启示是，无论是角色均衡还是合议庭成员的实质性参与，都将对合议庭的分工和考核产生重大影响。故而，在笔者看来，刑事合议庭应坚持平等分工与平等考核原则和实质性参与合议原则。

（一）平等分工与平等考核原则

平等分工与平等考核原则是我们需要首先坚持的原则。为实现合议庭

---

〔1〕［美］K. 杜加克斯、L. S. 赖茨曼：《八十年代社会心理学》，矫佩民、高佳、吴克译，生活·读书·新知三联书店1988年版，第9页。

〔2〕《最高人民法院关于人民法院合议庭工作的若干规定》（以下简称《合议庭工作规定》）第2条规定："合议庭的审判长由符合审判长任职条件的法官担任。院长或者庭长参加合议庭审判案件的时候，自己担任审判长。"

成员的角色均衡，确保最佳意见的胜出，我们需要在形式上和实质上都实现平等。在群体中，平等不仅意味着无差别的权利，而且还要求法律对弱势一方予以倾斜性照顾，以确保群成员的地位和权利平等。

不平等的职权、分工和法官考核也会导致合议庭成员在博弈中的地位失衡。因而，平等分工和平等考核也应是被强调的原则。平等分工意味着合议庭成员平等参与刑事案件的审理，而当某位成员被替换时，合议庭只能重新开庭并请替换者阅卷、发表意见，而不能以耗费精力为由而不再组织庭审、阅卷、发表意见等环节，直接让其参与表决；它意味着每位成员都可自由、平等地表达其对案件事实和法律适用的意见，而这种表达权不能被侵犯，例如多数成员不能以审限、时间所限等因素为由限制某一位合议庭成员的发言时长；它意味着合议庭成员拥有平等的投票权，而这种权利与其他成员完全平等，而不是不同的表决权；它意味着在庭审的组织、指挥、审理报告和裁判文书的撰写上，亦应尽可能实现平等分配，而不能要求院庭长在参与合议庭合议时必须担任审判长，从而使其拥有了在合议庭中的特权，更不能要求其中的某一位法官承担远比其他法官明显更多的审判任务；它还意味着对于合议庭成员参与合议庭审判工作的考核，应当具有大体均衡的设计，而不能使得审判长或承办法官具有较高的权重，而其他成员量化指标的比值较低。

平等考核是平等分工的保障机制。因而，确立平等分工原则的同时亦必须确立平等考核原则。平等分工是平等考核的基础，而平等考核则是平等分工的必然要求和促进形式。按照"多劳多得，少劳少得"的分配原则，平等分工决定了考核亦要平等，而不能厚此薄彼；一旦考核不能实现平等，则平等分工势必将流于形式。没有平等的考核，在平等分工的实施保障机制不完善的前提下，平等参与的司法制度必然会在实践中让位于法官考核制度，从而导致管理制度架空司法制度的局面出现。考核的不平等正是我国刑事审判合议中出现"合而不议"现象的重要成因。因而，我国应当确立平等分工和平等考核的原则。

当然，这种平等的重点是形式和制度的平等，而不排斥某些合议庭成员所具有的较为强大的影响力。合议庭成员在整体上应具有基本均等的能力、经验和知识储备，但这并不能排除个别成员具有较高的语言表达、逻辑思维和人际交往能力。某位成员的意见往往能够更多地被其他成员所接受，使得其他成员意见趋同并成为多数意见的情形亦可能出现。这种情形不应被视为合议庭成员特权的体现。合议庭成员应平等地参与审判过程，而不能拥有多于其他成员的特权。当然，这种权力不包括为组织审判而从合议庭成员中挑选出的、必要的主持者。在评议阶段，合议庭成员都拥有充分阐述自己观点和看法及其依据的权力，任何成员的此种表达权均不得被剥夺。在裁判决策阶段，任何成员都应有同等的投票权。

（二）实质性参与合议原则

我们还应坚持实质性参与合议原则。实质性参与合议原则意味着合议庭成员个体独立，只服从法律、理性和良知，严守法定程序发表自我意见，而不屈从于任何他人、组织和势力，并有权拒绝干涉。没有合议庭成员个体的独立就没有合议庭的独立，就没有审判的独立和司法的公正。在笔者看来，这一原则蕴含着以下两层要求：一是合议庭成员个体独立发表意见，而不受外来势力的影响和干涉；二是任何合议庭以外的个人、组织皆不属于合议庭成员，不能参与合议，甚至替代合议庭作出裁判决定并要求合议庭执行，除非其实质性地全程参与案件审理。

在制度上，就合议庭成员独立发表个体意见而言，又可表现为不介入、不施压、不利诱和不妄评。[1]不介入，即合议庭之外的任何个人、组织无法定之理由均不能进入合议程序并参与合议决策。如任由其他人员发表意见，就不能实现司法裁判的直接、言辞原则，就会使得司法偏离公正，朝向扭曲的泥潭越陷越深。不施压，即任何个人和组织无法定理由均

---

〔1〕　刘世强：《刑事合议制度研究》，中国政法大学出版社 2014 年版，第 76~77 页。

不得以某种可能的不利后果对合议的法官个体施加惩罚，否则法官表达个体意见的动机就难免会发生改变。不利诱，即任何个人和组织无法定理由均不得以某种好处诱惑法官作出违背个体原本的自由意志表达意见。不妄评，即合议庭之外的任何个人、组织无法定之理由均不能就尚未裁决的案件作出结果性评判并要求合议庭按照大众的意见裁判。当社会热点司法案件出现时，媒体、公众虽可以行使言论自由权和舆论监督权对司法案件进行评判和预测，甚至对司法不公现象进行曝光和批评，但却不可以要求司法机关按照此意见裁判，除非司法机关自主决定听取该意见。凡此种种，都违背了实质性参与合议的原则，构成了不当干涉。

就合议庭以外的个体、组织不能参与合议而言，主要是排除合议庭之外的个人与组织的裁判行为。我国审委会制度仍具有较大的改造空间。在以往，院庭长甚至可以通过裁判文书签批制度来改变合议庭的裁判。目前，虽然大多数案件的签批制度已被废除，但审委会对于其并未参与审理的案件，仍具有决定权并可以要求合议庭执行其决定。然而，司法具有亲历性的要求。在审委会成员未实质性参与庭审的前提下，仅仅通过听汇报、看案卷和开庭资料无法真正、准确和充分地掌握审判的全部情况。其贸然判断甚至改变合议庭意见的做法值得商榷。

当然，实质性参与合议原则并不意味着合议庭成员排斥一切其他意见。其一，合议庭成员排斥其他成员的意见并不妥当。相反，其还应当充分思考，并不断地修正和完善自身观点，并促进交流。其二，合议庭成员还应当主动思考外部舆论意见，只是这种主动不应演变为被动，考虑不应当演变为必须接受。其可以借助思考外来意见，完善自己的裁断意见，自主决定自我的意见表达、修改、完善和表决。只有独立自主地表达裁判意见才是实质性的参与审判。

## 四、完善刑事合议庭分工和考核制度的构想

如前文所论，重构刑事合议庭分工制度应坚持实质参与合议原则和平

等分工与平等负责原则。基于重要性和必要性的考量，法官考核制度应从单纯的司法管理制度上升为司法制度。借此，在现行合议制度的基础上，我们可以从以下几点完善刑事合议分工和考核制度。

一是要完善审判长任职制度。其一，院庭长参与审理案件时应当担任审判长的制度应被废除。当院庭长参加案件审理时，其只是合议庭的普通一员，担任审判长不应成为院庭长权力的延伸。审判长不应具有行政管理职权（除了管理庭审），[1]不应是一种行政职务，而只应是一种承担临时任务的庭审组织者、主持者和指挥者。担任审判长不应当成为院庭长的特权。其二，审判长的人选应按照平等分工的原则确定。作为专业性较强的职业，法官职业对这一角色的任职资格、能力均有要求，任何一名法官均应当具备达到任职需要的知识、能力和经验。在各项能力当中，担任审判长并主导庭审亦为一项必备技能。事实上，我国绝大多数职业法官也都具备担任审判长的能力。那种以院庭长具有更好的审判管理和组织能力并因而更应担任审判长的认识既缺乏对法官群体审判能力的信任，又延续了法院审判行政化的惯性。因而，如果案件审理需要多次开庭，审判长可以由合议庭成员轮流担任；如果案件只需一次开庭，应当适当减少担任审判长的法官从事文书制作等其他工作时的工作量。总之，在没有人民陪审员的合议庭中，审判长一职应由合议庭成员均衡化确定。例如，如果一个案件需要开庭三次，可由各位合议庭成员轮流担任审判长；如果该案件只需要开庭一次，可由合议庭成员抽签决定担任审判长的人选。当然，在有人民陪审员参加的情况下，由于能力不足，人民陪审员不宜担任审判长。

二是要完善承办法官制度。《司法责任制实施意见》第9条为承办法官

---

〔1〕　鲁桂华：《合议制下审判团队改革的实践与完善》，载《理论视野》2017年第9期，第48页。

规定了至少 9 项审判任务。[1]这样的制度安排使得承办法官承担了与其他合议庭成员存在明显区别的审理任务，获得了更多审判信息，也为向其课以更多、更重的审判责任提供了前提。然而，这样的安排违背了平等分工与平等负责的原则，忽视了合议庭是案件的真正承办人的基本逻辑，破坏了合议庭成员平等、自由博弈的环境，不利于审判质量的提高，以至于有学者主张"取消案件承办人制度"。[2]这种制度安排和合议制度存在着根本性矛盾。[3]因而，承办法官不宜继续承担上述任务。当然，正如学者所言，"从审理规律和审理效率审视，当一个案件被集体审理时由其中的一个法官作为案件的承办人既是必然的也是必需的"，[4]作为群体性行为和合议制审判需要一名牵头人和组织人，[5]否则审判的开展就会显得无序而又低效。因而，承办法官的主要职责应是承担组织合议庭审理案件且负责对案件审判任务进行分工的责任。[6]具体而言，这种职责又应主要包括组织合议庭成员共同商定审理方案、组织开庭、组织各成员分别作出自我裁判的初步意见、组织共同评议和组织作出最终裁判及分配保管材料、制作文书等审判活动。对于其他的一些审判业务，承办法官的角色也应是一个组织者而不应是一个主要的承担者。这会使得承办法官只是合议庭的一个

---

[1] 《司法责任制实施意见》第 9 条规定："承办法官应当履行以下审判职责：（1）指导法官助理做好庭前准备及其他审判辅助工作；（2）就当事人提出的保全、司法鉴定、非法证据排除申请等提请合议庭评议；（3）对当事人提交的证据进行全面审核，提出审查意见，依法调取必要证据；（4）制作阅卷笔录，拟订庭审提纲，撰写审理报告；（5）协助审判长开展庭审活动；（6）参与案件评议，并先行提出处理意见；（7）根据合议庭、赔偿委员会、审判委员会多数意见制作并签署裁判文书；（8）指导审判辅助人员落实院党组关于网上办案、司法公开、电子卷宗、案卷归档等工作要求；（9）依法行使其他审判权力。"

[2] 彭海青：《我国合议庭评议表决制度功能缺失之省思》，载《法律科学（西北政法大学学报）》2009 年第 3 期，第 135 页。

[3] 孟石磊：《制约"审判中心主义"形成的原因探析》，载《辽宁公安司法管理干部学院学报》2017 年第 5 期，第 70 页。

[4] 张晋红：《审判长制度与合议制度之冲突及协调——兼论合议制度的立法完善》，载《法学评论》2003 年第 6 期，第 131 页。

[5] Jens David Ohlin, "The One or the Many", *Criminal Law and Philosophy*, 9（2015），p. 298.

[6] 卢世荣：《合议庭内部权责分工如何更合理》，载《江苏经济报》2013 年 12 月 11 日。

牵头人、组织员而非主要的审判人员，从而有利于实现审判分工的均等化。只有实现承办法官的角色转变，使之成为负责组织合议庭各项审判事务的"受托人""代理人"而非多数实质性审判事务的"受托人"和"代理人"，[1]并依据合议庭的集体决议行使裁判权，才能真正废除承办法官在合议庭中大权独揽、大责独担的"一枝独秀"局面。同前文，人民陪审员同样不能担任承办法官。

三是要完善裁判文书制作制度。我国实行特定人员负责的裁判文书制作制度。依据司法解释，[2]裁判文书制作由审判长或承办法官负责。作为裁判的关键一环，裁判文书的制作直接影响着判决结果。因而，按照平等负责的原则，我国应废除该规定，平等分工，实行合议庭任何成员均有权制作裁判文书的制度。当然，这种平等分工并不意味着全部工作都应由合议庭成员共同完成。从工作任务的特点来看，包括类似裁判文书制作在内的一些工作，如庭审指挥等，如果全部都由合议庭成员共同完成，由于不同成员可能会产生不同的意见，因而可能会使得合议庭的工作矛盾丛生，从而降低审判效率。合议庭完全可以将除审理、评议和裁判之外的其他工作总体均衡化地分配给合议庭成员，而不是必须共同完成。

四是要完善非承办职业法官参与合议工作的法官业绩考核制度，并将法官业绩考核制度由司法管理制度上升为刑事司法制度。对于非承办职业法官的工作，应当坚持平等分工和平等考核的原则。因此，在法官考核中：其一，应确立平等考核承办法官和非承办法官的考核原则；其二，还应赋予承办法官和非承办职业法官在合议庭主要工作上同等的考核权重。只有赋予同等的考核权重，才能充分使得非承办职业法官可能获得与承办法官同等的工作考核分值。他们在考核中的不同，不应是考核权重、比例

---

〔1〕 左卫民、吴卫军：《"形合实独"：中国合议制度的困境与出路》，载《法制与社会发展》2002 年第 2 期，第 66~67 页。

〔2〕《合议庭工作规定》第 15 条第 1 款规定："……但是审判长或者承办法官的评议意见与合议庭评议结论或者审判委员会的决定有明显分歧的，也可以由其他合议庭成员制作裁判文书。"

的差异，而应当仅仅只是基于是否完整参与阅卷并撰写阅卷笔录、是否完整参加庭审、是否参与整个合议过程并认真提出意见、是否完成合议庭所安排的其他任务及其质量、参与以合议制形式所审理案件的数量等方面的不同。当然，对于人民陪审员的考核，不宜采用这种办法。

同前文所论，较之民事审判和行政审判，法官业绩考核制度的缺陷在刑事审判中的危害更大。同时，由于法官业绩考核制度事关刑事合议庭能否真正落实成员平等参与的《合议庭工作规定》要求，事关刑事合议庭能否真正走出"形合实独"从而实现独立裁判，事关刑事司法责任制改革的成败，因而法官业绩考核制度应从原来单纯的司法管理制度发展成为刑事审判制度体系中的有机组成部分，以司法解释甚至是《法官法》正式条款的形式率先升格为刑事司法制度。

五是要以上述制度为基础，理顺合议庭成员间关系。其一，理顺审判长与承办法官的关系。前者是庭审活动的主持者，而后者则是合议庭所有审判事务的牵头人和组织者而非当然的审判长。因而，在合议庭中，审判长人选由承办法官负责挑选。审判长只是一次庭审活动的主持人，属于临时性职务，而承办法官则在合议庭的整个审判活动中始终属于组织者和牵头人，属于相对固定的职务。承办法官与审判长属于组织者与被组织者的关系。其二，理顺承办法官与其他非承办职业法官之间的关系。同前文，由于承办法官受托或代理合议庭担任的组织者，承办法官与其他法官同样属于组织者与被组织者的关系。至于承办法官与人民陪审员之间关系，由于两者在办案能力、实际权力等方面存在显著差异，本书不作讨论。

# 第六章

# 审委会与刑事合议庭关系的厘正

法官独立裁判是现代司法制度的基本要求。为实现这种独立性，法官不仅会被给予较高的待遇，而且也会拥有全面的职业保障制。在发达国家，法院并不存在类似审委会这样的组织。法官开展审判工作并不需要听从其他组织的意见和指挥。独立审判是诉讼开展的基础和确保司法公正的基石。纵观刑事审判的制度及理论，多以合议庭的独立裁判为其主旨。这就是要在坚持刑事审判合议制度的同时，明确审委会的职能、定位及其与合议庭的关系，努力实现司法责任制改革目标。

## 第一节　作为成本平衡机制的审委会与合议庭关系

从优化审委会与合议庭关系（以下简称"审合关系"）的视角出发探寻刑事审判合议制度的完善契合司法改革的目标和要求。司法责任制改革以"让审理者裁判、由裁判者负责"为目标。通过优化审合关系，既可以促使合议庭职能充分实现，又可使得审委会职能回归本位。然而，传统进路的价值分析研究方法常常显得说服力不强。其中一个重要问题即这种研究是否真正符合现实要求，从而可以被广泛实践，而非一经问世便被束之高阁？在现代社会，经济实力是国家机关开展一切活动的基础。这种设计是否会与社会的经济性相左，从而即使颁布了新的制度亦无法实施或充分实施？所以，审合关系的制度设计还必须考虑国家财政的投入因素。国家收益的最大化是一个根本原则。

然而，法律制度设计的收益与市场经济领域相比具有自身的独特性：[1] ①制度收益不同于物质，难以确切衡量。制度利益攸关方不仅关注后期物质可能兑现的物质奖励和职位升迁，而且还重视法律责任、时间和精力投入等因素。②成本与收益往往具有负相关性。在经济领域，投入越高，收益往往越大。但这种情况也并非绝对。有时，沉没成本亦可能出现，从而使得收益与投入无关甚至投入越高收益越低。至关重要的是，制度收益还依赖于制度资源的真正实施。如果制度未被真正、充分地实施，那么一切绞尽脑汁的设计都将是无太多价值的投入。③特定性。固然，成本收益只有综合考虑各种因素才能衡量，比如审委会的政治功能。然而，在这种综合考量中，成本投入仍是重要的指标。在收益大体均衡的前提下，成本最低自然是效益最高的。正因如此，本书在分析审合关系时，将会把成本-收益模型简化为成本最少投入模型，以方便分析。成本最小意味着财政投入的最少和各方参与者（诸如合议庭法官和审委会成员）投入的时间和精力最少。成本最低是国家财政投入和审判主体的内在动力，从而以最低成本实现司法公正的效益最大化。

审合关系优化的目标是在审委会和刑事合议庭的职能不违背司法规律的前提下实现司法高效。成本最低是对其最朴素的理解，而实现效率目标的关键在于其实现成本最小化的内驱力和路径。司法公正是一切司法制度的根本追求。因而，审合关系的设置必须以司法公正为归宿。以何种形式设计审合关系则又归属到了效率的范畴。故而，审合关系制度设计的价值目标及其实现，无不依赖于效率。审合关系的制度设计，归根结底，就在于无损于司法公正基础上的司法资源投入成本管理。

---

〔1〕 王海军：《刑事审判模式的经济分析——以当事人主义为中心》，中国政法大学出版社2013年版，第95页。

# 第二节　审委会与合议庭关系评析

## 一、生产成本论与审合关系的制度设计

从经济学角度看，生产成本系制造产品或提供服务所产生的各项直接支出和费用。如果成本过高，则生产单位的负担将被加重，其利润将会降低。相反，其利润则将升高。审合关系的制度设计也可以被看作一种司法产品的制造过程。科学合理的制度设计不仅可以使得审委会和合议庭的职能得到充分实现，而且还能最大限度地减少司法资源的投入和耗损。反之，如果这种制度设计不够合理、科学，则不仅会限制审委会和刑事合议庭职能的充分实现，还会增加司法资源的投入和耗损。在下文中，笔者将从裁判独立与司法公正的关系入手，通过对审委会职能的法理分析来提出本书观点——只有有利于实现合议庭独立裁判的审合关系设计才是司法成本最低的，审合关系的设计必须以实现合议庭的独立审判为目标，从而降低成本。

（一）裁判独立有利于实现司法公正

裁判独立又曰审判独立，由孟德斯鸠提出。它的意义在于通过无偏私的裁判使得诉讼各方能够普遍地接受法院的裁判方案，从而以其权威性最低成本地定分止争。在诉讼一方明显强势时，这种意义尤为显著。

首先，裁判独立有利于合议庭实现司法实体正义。实践经验表明，对合议庭独立裁判的最大威胁来自当权者、国家机关及新闻媒介。在审判一些重大案件时，这种影响往往会对裁判者形成强大的压力。然而，一旦合议庭不能摆脱这种压力的干扰，裁决的客观性和公正性就难以得到保障。因为这种压力无非是要提供给合议庭成员一种旨在维护其自身利益的偏见，即便这种偏见在少数情形下亦可能与法官不受影响下的裁决相同，甚至其结果也可能是公正的，但这种偏见也往往会使得裁判者违背法定程序而忽视诉讼的另一方利益。正因如此，美国学者马丁·阿斯潘认为："法官

应在其所有活动时，避免各种不正当的行为以及不正当的形式出现，如果法官的公正性受到怀疑，他就不能审理案件，这一点姑且不论，还应当然认识到，法官无论何时，个人行为举止都应是值得公众信任，公平诚实，有助于司法界的团结。"[1]一旦丧失了独立性，审判就不再是判断是非曲直的艺术，而是成了为某一方维护或谋取某种利益的工具。

其次，裁判独立还有利于实现程序正义。其一，裁判独立以实现审判权和裁决权的统一为目标，而此种目标的实现则有助于实现程序正义。此项原则一旦被违反，刑事合议庭法官将丧失对案件的真正裁断权，从而沦为一方当事人通过审判表达自身意见的工具。一旦审理权和裁判权相剥离，审判程序的自治性将荡然无存，繁琐的刑事审判程序沦为了一场为预定结果铺垫的华丽彩排。举证、质证、辩论活动将不再对审判结果造成实质性的影响，而只是一种掩人耳目的表演。其二，裁判独立亦可使合议庭法官持有一种公正对待意见分歧的态度并有利于其形成公正裁决。[2]拥有独立裁判权的法官，往往会拥有一种从容不迫、雍容大度、海纳百川的态度和情怀，从而耐心倾听诉讼各方的不同见解，并审慎思考。这有助于使得他们克制自己的偏私、偏见，公正对待各方，维护其合法的诉讼权利，依照多数决的原则形成一种不掺杂个人偏见的公正裁决。

（二）审委会并非法理意义上的审判组织

在审合关系的构造中，审委会的职能处于核心地位。作为一项特殊制度，审委会决定制滥觞于我国新民主主义革命时期的中华苏维埃共和国裁判委员会制度。新中国成立后，我国法官组织制度一直沿用并将其改为审委会决定制。

在我国，它有着决定重大、疑难和复杂案件的权力。刑事合议庭必须执行其决定。然而，这一权力却并非审判权，审委会亦并非法理意义上的

---

[1] 辛辉、荣丽双主编：《法律的精神：法律格言智慧警句精选》，中国法制出版社2016年版，第332页。

[2] 陈瑞华：《刑事审判原理论》（第2版），北京大学出版社2003年版，第149页。

审判组织。这是因为，从职责上来说，审委会并不负责对具体案件的审理，而是负责讨论疑难、重大和复杂案件。它通常并不参加案件的庭审。基于现行规定，在一般情况下，它依据承办法官的口头汇报决定法律适用。只有在极少数的情况下，审委会才会调取卷宗和审判的视频记录甚至提前参与庭审。它可以直接改变合议庭经过复杂程序审判得出的初步裁判意见。它往往实行秘密审判制度，一般不对外公开。直接言词原则、辩论原则、回避制度、评议制度等各项《刑事诉讼法》所规定的制度并不适用于它的讨论过程。同时，从责任承担上说，审委会并不能直接承担责任。《司法责任制意见》第 31 条规定，审委会工作出现失误时，审委会委员、主持人分别依情形不同而承担不同责任。这种不直接审理案件和不独立承担责任的特点决定它成为"审判组织"名不副实，也使得我国审判独立原则无法包含人民法院的内部独立。[1]由于只有审判组织才享有审判权，因而审委会的权力不属于审判权。正因如此，这一制度招致了不少批评，在历次改革中一直都被广泛讨论。它判而不审成了审判分离的典型代表。它的职能运作过程不仅违反了刑事审判的多项程序，而且亦可能导致"外行领导内行"审判结果的出现。

然而，应当肯定的是，审委会制度是有着积极意义的。无论是历史，还是当前，审委会在消解外部因素干扰、弥补法官素质不足、保证审判质量方面均发挥了一定作用。因此，最高人民法院就曾提出，逐步实现审委会运行机制向审理制转变，使得审委会直接审理重大、疑难和复杂刑事案件。[2]然而，此时的审委会是否还应当被称为审委会而不是合议庭？总而言之，无论如何改革，它的存在和职能发挥均应有利于实现合议庭所审理案件的司法公正，而不是有损于实现司法公正。

（三）审合关系的制度设计应有利于实现合议庭独立裁判

如上文所论，由于合议庭唯有独立裁判才能有利于实现司法公正，而

----

〔1〕　陈瑞华：《刑事审判原理论》（第 2 版），北京大学出版社 2003 年版，第 157 页。
〔2〕　参见最高人民法院：《人民法院第二个五年改革纲要（2004—2008）》。

审委会自身既无法实现全面审理案件亦不能承担审判责任，并非法理意义上的审判组织，因此审合关系设计只有有利于实现合议庭的独立审判，才能有利于实现司法公正。即便是使得审委会转变为全面参与案件审理的大合议庭，它亦会成为真正意义上的合议庭。

此时，是否还应称之为审委会则仅仅只是一个名称问题了。[1]从本质上看，它和合议庭并无区别。也正因如此，只有有利于实现合议庭独立裁判的审合关系设计才会是成本最低而效益最高的制度，才真正符合帕累托最优的要求。审合关系的设计应当以实现合议庭独立裁判为目的而降低成本。

## 二、审合关系的成本降低

降低生产成本的重要选择之一便是优化分工。以相对优势、绝对优势和资源稀缺性等要素优化分工，有助于实现成本的降低。承前文所论，在审合关系设计中，制度效益的提升和投入成本的降低取决于审委会职能和合议庭职能的优化。因而，如何以实现刑事合议庭独立裁判为方向设置好此两者的职能就成了优化审合关系设计的关键。于是，审合关系制度设计的分析也就转化为：①在有利于实现刑事合议庭独立审判的前提下，如何优化审委会的职能以提升产出？②在有利于实现合议庭独立审判的前提下，如何简化刑事合议庭的职能？

（一）审委会职能的优化

审委会制度为我国的特色制度。[2]审委会职能改革也是我国多年来持续关注的重大理论和实践问题。[3]优化审合关系并不意味着必须取消审

---

[1] 龙宗智、袁坚：《深化改革背景下对司法行政化的遏制》，载《法学研究》2014 年第 1 期，第 144 页。

[2] 杨凯：《审委会制度改革：需要弄清的八个问题》，载《人民法院报》2016 年 1 月 28 日。

[3] 陈启刚、周琪、闵寅波：《司法现代化与审判委员制度改革》，载《法律与生活》2019 年第 14 期，第 58~59 页。

委会。优化审委会职能配置也是重要的实现路径。因而，优化审委会的职能应当着眼于取消其无助于合议庭独立审判的职能，而只保留其有助于提升合议庭审判质量的功能。尽管有学者主张审委会应当只保留宏观指导功能，[1]但在笔者看来，应当保留审委会，除了宏观指导功能，其内部刑事专业委员会则应转化为"大刑事合议庭"，从而全面负责重大、疑难和复杂刑事案件的审理。[2]在未来，审委会讨论决定重大、疑难、复杂案件的法律适用的职能应转变为直接审理重大、疑难和复杂案件的职能。同时，还应设置向刑事合议庭和独任庭提供咨询意见和宏观指导的职能。

其一，审委会对在审案件的讨论和决策职能日益萎缩。随着司法责任制改革，合议庭对审委会的依赖日益减少。审委会所讨论的合议庭在审案件占比极小且正在继续下滑。在实践中，审委会讨论的结果与合议庭意见往往一致。[3]这意味着，在多数案件中，审委会的讨论和表决对于审判公正而言并无太大实质意义。

其二，审委会所决定的在审案件质量并未比合议庭的自主决策更高。实证研究表明，无论改革前后，审委会讨论和决定的案件质量都并不优于同一法院全部结案案件的平均值，而其改变合议庭意见的决定则同样存在失误风险。在院庭长审批制度被取消后，虽然合议庭审理的案件仍需要院长决定方可提交审委会，但院庭长不再承担对案件质量进行把关的职责，这在一定程度上造成了审委会讨论和决定案件的质量下滑。与专业法官会议相比，审委会全体会议成员来源更为丰富，其专长的领域迥异，这种多样性也在一定程度上稀释了审委会讨论案件的专业性。审委会所一贯沿袭

---

〔1〕　蒋华林：《审判委员会制度：寻根理枝与革新路径》，载《河北科技大学学报（社会科学版）》2016 年第 2 期，第 62~69 页。

〔2〕　郑末媚：《庭审实质化背景下合议制及其运行规则》，载《人民法院报》2016 年 8 月 31 日。

〔3〕　徐向华课题组：《审判委员会制度改革路径实证研究》，载《中国法学》2018 年第 2 期，第 52 页。

的行政化会议讨论和决策方式也使得案件讨论往往倾向于院庭长的意见而缺乏充分、彻底、平等的讨论。[1]这些都使得审委会改变合议庭意见的裁决通常并不能优于刑事合议庭自身的独立决策。此外，改革后，刑事合议庭提交审委会讨论的案件的复杂难度有所提升和审委会讨论时间的短暂，也是其完成的案件质量不具有优势的重要原因。

其三，审委会审判职能的政治化倾向也在一定程度上降低了案件的审判质量。多年来，审委会讨论的案件始终以有重大影响和拟判死刑的刑事案件为主。[2]其讨论的重点内容往往"更加接近于利益选择而非简单适用法律"。[3]这就暗合政治职能的定位。改革后，审委会所讨论和裁决的案件数量大幅下滑，则是其又还权于合议庭的体现。

其四，讨论和决定案件的职能使得审委会容易沦为合议庭法官逃避或减轻审判责任的工具。实践中，大量拟判缓刑的事实清楚、法律关系简单的案件被合议庭以存在意见分歧为由提交审委会便是这一现象的集中体现。审委会沦为了一些法官规避司法责任的窗口。[4]如前文所论，在法官对裁判不具有高度自信的情形下，其往往倾向于尽可能想方设法将案件提交审委会以减轻甚至免除合议庭及自身的司法责任。同时，抵制外部干涉也是不少案件被提交审委会的缘由。遗憾的是，如果这种压力来自院庭长或是足以影响院庭长职权行使的较高级别的领导干部，则通过审委会讨论和决定案件不但不能够有效对抗外部干涉，反而可能会成为外部政治势力通过院庭长影响法院判决的重要手段。当然，对于一般性的外部干涉，审

---

〔1〕 徐向华课题组：《审判委员会制度改革路径实证研究》，载《中国法学》2018 年第 2 期，第 52 页。

〔2〕 徐向华课题组：《审判委员会制度改革路径实证研究》，载《中国法学》2018 年第 2 期，第 53 页。

〔3〕 邵六益：《审委会与合议庭：司法判决中的隐匿对话》，载《中外法学》2019 年第 3 期，第 737 页。

〔4〕 邵六益：《审委会与合议庭：司法判决中的隐匿对话》，载《中外法学》2019 年第 3 期，第 738 页。

委会决议的确可以成为合议庭反制外部压力的借口。但笔者认为，"审委会决议"这样的借口完全可以被司法责任和法律规定所替代。如果这种外部压力并不强烈，这样的托词足以抵制。相反，动辄将案件提交审委会反而可能会导致一些案件因政治影响而被迫作出政治化裁判。在提交审委会后，面对政治压力，合议庭会因审委会讨论和决定而免除或减少自身责任从而失去或弱化阻止审委会错判的动力。例如，检察长列席审委会制度就被普遍质疑有违控辩平等武装的嫌疑，[1]不利于充分发挥人际沟通的观念融合优势。[2]这反映出检察监督与审判独立的关系未得到妥善处理。[3]其实，检察长和检察官此时扮演的是一种法律监督者的角色，[4]"原则上只是检委会决议活动妨碍审判公正情形的见证者和提示者"。[5]稍有不慎，这还会使得审委会在讨论时承受更大的压力，[6]破坏审判公正与独立。[7]可见，通过审委会抵制外部干涉的做法得不偿失，只会为合议庭及其成员推脱司法责任提供路径。[8]

---

〔1〕 卢希起：《检察长列席审委会会议制度思考》，载《法商研究》2020 年第 3 期，第 57~69 页。

〔2〕 陈濂、柯葛壮、田欢忠：《检察长列席审委会制度合理性研究》，载《东方法学》2010 年第 4 期，第 108~117 页；王桂五主编：《中华人民共和国检察制度研究》，中国检察出版社 2008 年版，第 340~345 页。

〔3〕 项谷、姜伟：《司法体制改革中完善检察长列席审委会会议制度的新视域》，载《上海政法学院学报（法治论丛）》2018 年第 1 期，第 135~144 页；汪存锋、余丰泳：《刑事抗诉视角下检察长列席审委会的法律监督职能》，载《中国检察官》2016 年第 19 期，第 7~9 页；Liu Zhuo, "The Theory on the Strengthening of the Legal Supervision Power of Chinese Procuratorate", in *Information*, *Teaching and Applied Social Sciences*, Singapore Management and Sports Science Institute Press, 2018, pp. 156~157.

〔4〕 闵钐编：《中国检察史资料选编》，中国检察出版社 2008 年版，第 450 页。

〔5〕 卢希起：《检察长列席审委会会议制度思考》，载《法商研究》2020 年第 3 期，第 57~69 页。

〔6〕 Liu Zhuo & Wu Yuehong, "The Objective and Legal Obligation of the Prosecutor in the Comparison of China and Western Countries", *WOP in Education*, *Social Sciences and Psychology*, 42 (2019), pp. 367~373.

〔7〕 刘加良：《论列席监督的正当化转向》，载《政治与法律》2009 年第 6 期，第 22~29 页。

〔8〕 何家弘主编：《检察制度比较研究》，中国检察出版社 2008 年版，第 490 页。

其五，设置向其他审判组织提供咨询、宏观指导和全面审理重大、疑难、复杂案件职能符合有利于合议庭独立裁判的要求。[1]审委会内部的刑事专业委员会全面负责特定刑事案件的审理[2]不仅减轻了合议庭的工作任务，更是以"大合议庭"的形式强化了合议庭的独立审判，而非弱化了合议庭的独立裁判。[3]目前，我国已经有人民法院开始了审委会直接审理案件的尝试。[4]这就相当于增设了其内部的专业委员会，强化了其专业性功能。[5]这种功能的发挥远比评议规则的完善更重要。[6]同时，对于合议庭存在困惑的案件，合议庭可以自主决定是否请求召开审委会会议，并自主决定是否采纳审委会意见，这样则不仅维护了自身的独立裁判权，而且有助于在更大范围集思广益，提高审判质量，[7]也有助于审委会咨询指导功能的更充分发挥。[8]

## （二）刑事合议庭职能的简化

刑事合议庭职能的简化则应着眼于取消其将重大、疑难和复杂案件提交院长提请审委会讨论的义务。唯有如此，刑事合议庭才能实现自主审理和自主裁判的统一，才能从根本上解决合议庭的行政化问题，才能实现独

---

〔1〕 王明辉：《论我国审判责任制改革》，西南政法大学 2018 年博士学位论文，第 131 页；贺卫方：《司法的理念与制度》，中国政法大学出版社 1998 年版，第 141~142 页。

〔2〕 马若飞：《刑事审判中审判委员会制度的发展与完善》，载《山西经济管理干部学院学报》2018 年第 1 期，第 74~77 页。

〔3〕 陈瑞华：《法院改革中的九大争议问题》，载《中国法律评论》2016 年第 3 期，第 216~217 页。

〔4〕 谭中平、肖明明：《民主集中制与少数服从多数：功能分野视角下审委会组织原则的二元重构》，载《司法改革论评》2018 年第 1 期，第 192~206 页。

〔5〕 蒋惠岭：《审理制：审委会制度改革破冰之举》，载《法制日报》2016 年 4 月 13 日。

〔6〕 谢刚炬：《专业审判委员会组织结构完善研究》，载《法学杂志》2020 年第 1 期，第 113~118 页。

〔7〕 徐向华课题组：《审判委员会制度改革路径实证研究》，载《中国法学》2018 年第 2 期，第 54~55 页。

〔8〕 徐向华课题组：《审判委员会制度改革路径实证研究》，载《中国法学》2018 年第 2 期，第 54~55 页。

立裁判，[1]并最终保障司法公正。尽管这种更为彻底的放权或许会弱化审委会的现有职能，[2]但只要有利于提升司法审判质量和效率，就都应采用。

## 第三节　审委会与刑事合议庭：共生与合作

任何组织都有着自身目标。无法实现这些目标的组织所存在的基础必将被弱化。[3]无论从降低成本的角度出发还是从维护刑事合议庭独立裁判出发，审委会的职能均需转变为直接负责重大、疑难和复杂案件审理。同时，还应设置向合议庭和独任庭提供咨询意见和宏观指导的职能。

从信息源头看，在审合关系设计中，刑事合议庭职能和审委会职能都是最重要的信息源头。然而，欲实现刑事合议庭的独立审判，审委会职能这一信息源头就可能构成对其的有效干扰。从动力机制来看，审委会也会有自身的利益，特别是其中的院长、副院长，也可能因为自身利益的驱动而使得审委会丧失中立性。因此，规范院庭长审判监管权运行，[4]提高审委会工作的司法透明度[5]刻不容缓。从收益上看，研究审合关系设计的成本投入亦离不开对收益的考量。通过将现行审委会和合议庭职能与笔者对审委会和刑事合议庭职能的设计进行对比可以发现，现行审委会和刑事合议庭职能并不利于合议庭独立审判，而优化两者职能后的设计不仅降低了成本，还将极大地推动合议庭独立裁判并有利于最终实现司法公正。[6]

---

〔1〕　左卫民：《审判委员会运行状况的实证研究》，载《法学研究》2016年第3期，第159~173页。

〔2〕　刘伟炜：《司法改革大背景下如何强化合议庭职能》，载《江苏经济报》2016年11月16日。

〔3〕　陈琨：《扩大民事案件独任制适用范围的现实路径——基于B省近3年独任制适用情况的实践考察》，载《法律适用》2019年第15期，第107页。

〔4〕　于显洋：《组织社会学》，中国人民大学出版社2001年版，第111页。

〔5〕　邵海林、李娇娇：《扎实推进审委会制度改革》，载《人民法院报》2015年8月4日。

〔6〕　本报评论员：《创新完善审委会工作机制的尝试》，载《人民法院报》2016年2月2日。

从语境上看，笔者的设计只是减少了合议庭不必要的职能，同时又优化了审委会的职能配置。由于总结审判经验本就是其重要职能，因此立足于经验总结基础上的提供咨询建议和宏观指导职能并不会大幅度增加司法资源的投入成本。因此，从司法整体运行上来看，以此种模式改革的审合关系设计必将使得司法效益得到提升而非下降。通过这种方式，审委会与刑事合议庭将长期共生与合作，共同致力于实现司法公正和高效。

# 第七章

# 刑事审判合议中的监管和审判责任制度的完善

如前文所论，失当的审判监管权与审判权之界限和审判责任制度是刑事审判合议制度缺陷重要的外部成因。因而，弥补我国当前刑事审判合议制度的缺陷绝不能仅仅停留在合议制度本身，而是必须标本兼治，实行内外改造并举。审判监管权和审判权界限与审判责任制的失当亦是其形成的重要外部原因。前者的矫正必须首先着眼于进一步拓展审判监管权和审判权界限的理论，弥补其理论缺陷并进而改造刑事审判合议中的监管制度，而后者的矫正则更应注重考察我国的法官追责制度。

## 第一节　刑事审判合议中的监管制度的完善

建立科学、规范、全面覆盖和符合规律的审判管理制度是推进司法改革的必然要求，是完善刑事审判合议制度的客观需要。然而，审判监管权和审判权的界限却是需要科学界定的首要问题。经济分析是将其界限加以优化的重要方法。

### 一、审判监管权和审判权的界限

审判监管权和审判权界限的理论长期存在误区。其实，两者在性质、地位和作用上存在显著差异。这种差异为我们正确认识两者的界限并改造相关制度提供了理论指南。

（一）审判监管权和审判权性质迥异

审判监管权是不同于审判权性质的权力，它包括审判管理权和审判监督权两种权力。不同于审判权，它本质上是一种行政权，[1]并不具有审判权所具有的被动、亲历、对等、不可逆、透明和公开等特征。[2]尽管这两种权力均处于审判系统中，但它们的运行逻辑和权利属性有着质的不同。其一，它们的权力属性有着质的不同。从前文对发达国家刑事审判合议制度的分析来看，无论是在英美法系还是在大陆法系，唯有审理者方可拥有裁判权，而裁判者则必须全程参与案件的审理；这种审理和裁决排除了作为审理者以外的、包括上级法院和本级法院院庭长在内的所有人员和机构的、一切的、足以影响和改变裁决结果的影响和干涉，而无论这种影响和干扰以何种冠冕堂皇的名义存在。相反，审判监管权的行使则表现为上命下从和科层制。科层制又强化了上级对于下级权力行使的控制。其二，这两种权力所追寻的价值目标也存在很大的差异。审判权所追寻的最大价值目标是审判公正，而不是审判效率。效率固然也是审判权追寻的重要价值目标，但并非其最为重要的目标。效率、集中和实施的特点最适合行政机关而不是审判工作。[3]然而，作为行政权的审判监管权则将效率作为其第一位的价值追求，以此来实现审判的有效运行、法院的高效运转和对上级所安排的任务、指令的完成。[4]

（二）审判裁判权和审判监管权地位不同

审判权和审判监管权分别处于主从地位。在法院系统中，裁判业务属于中心工作，审判权属于履行主要职能的核心权力。这也就决定了审判权

---

[1] 龙宗智：《审判管理：功效、局限及界限把握》，载《法学研究》2011年第4期，第27页。

[2] 陈瑞华：《司法裁判的行政决策模式——对中国法院"司法行政化"现象的重新考察》，载《吉林大学社会科学学报》2008年第4期，第139页。

[3] 蒋惠岭：《合议制改革若干焦点问题》，载《人民司法》2008年第21期，第158页。

[4] 李麒、柴雷哲：《院庭长审判监督管理权的合理性及其限度》，载《晋中学院学报》2020年第1期，第32页。

处于主要地位，而审判监管权只能处于从属、辅助性地位。[1]审判权的运行以实现裁判公正为目标，而审判监管权则以保证审判权的公正、独立行使为其价值所在，以纠错为其核心功能。[2]审判监管有助于监督、制约、保障审判裁判权的顺利运转。具体而言，它通过依法依规统一裁判标准、规范裁判程序、调整审判人员、进行绩效考核、纠正违法行为、奖惩审判人员等方式来促进审判质效的提升。因而，在审判权行使的过程中，审判监管权只能发挥辅助作用，服从、服务于审判权运行，而不能喧宾夺主、越俎代庖，甚至影响到法官对于案件实体和程序的独立裁决。[3]例如，院庭长不能以行使审判监管权的名义要求合议庭成员改变经过法定程序作出的所谓"存在错误的"裁决。

（三）审判监管权和审判权作用不同

基于性质和地位的不同，在法理上，两者应发挥不同作用。审判监管权只能对合议庭所审理案件的效率、流程、人员配置产生一定的影响，而不能直接影响到法官行使审判裁决权的独立性。例如，决定审判人员的回避、审限的延长、简易程序与普通程序的转换等均可由院长决定。然而，如若收到对合议庭成员违法行为的投诉，而该案件尚处于审理过程中，院庭长可以启动调查程序，中止案件审理并视情况决定是否重新审理，但院庭长不可以采用指令、表达倾向性意见、诱惑、施压等种种方式达到足以影响案件程序裁判的目的。审判监管不应介入和干预审判裁判的依法进行。[4]它的作用在于服务于审判权，以实现规范、保障、促进和服务的功

---

〔1〕　郑博涵：《院庭长审判监督管理权配置模式研究——以审批事项设置标准为切入》，载《中国应用法学》2019年第4期，第63页。

〔2〕　王玲芳：《司法责任制视角下对审判监督程序的思考》，载《法律适用》2019年第11期，第100页。

〔3〕　上海市闵行区人民法院课题组：《司法责任制背景下审判监督管理的路径转型》，载上海市法学会编：《上海法学研究集刊——闵行区法院卷》，上海人民出版社2019年版，第216～217页。

〔4〕　张智辉：《论司法责任制综合配套改革》，载《中国法学》2018年第2期，第68页。

能，[1] 而不应在于影响甚至改变合议庭遵循法定程序的审判进程以及对程序事项和实体事项的裁决，"只有在法官违反诉讼程序办案或明显违背职责造成疏漏时，审判管理制度才应发挥作用"。[2] 在笔者看来，这种作用的不同正是两种权力行使的最大界限所在。

## 二、经济学视角下的审判监管权和审判权界限合理化

前文从宏观角度指出了审判监管权和审判权的界限。然而，仅有这样的抽象理念并不能直接解决审判监管制度所存在的问题。那么，究竟怎样的界限设计才能够既实现对审判行为的有效监管又没有影响、干涉甚至改变合议庭的审判进程及程序性和实体性裁判决定。同时，这样的制度设计还可以最大限度地实现对司法资源的优化？作为司法资源的一部分，审判监管资源同样是稀缺资源。科学、合理地设定审判监管权和审判权的界限不仅需要确保审判监督权不干扰和改变合议庭裁判，而且还需要实现对审判监督资源的优化配置和节约利用，这就需要建立和完善多重制度。其中，以经济学为视角，将其加以优化就是一种重要的路径。经济分析为我们优化审判监管权和审判权界限提供了诸多启示。

首先，从理性选择理论和个人主义方法论的角度来看，现行制度忽视了院庭长行使审判监管权时的个人利益。一些地方人民法院的院庭长不愿行使审判监管权的现象值得我们深思。在审判管理中，我国长期盛行集体主义。集体主义强调集体在整体上创造的效益，注重作为一个整体的集体在宏观上的效益。个人主义效率观则注重个人效用的最大化，注重个体能够从中获取多少利益，强调个体利益要和个体投入挂钩。运用理性选择理论和个人主义方法论，审判监管制度则可以被视为"隐形的价格体系"，院庭长行使审判监管权的行为与这种体系为其带来的收益密切相关。制度

---

〔1〕 李桂红：《科学配置审判权力 切实提升司法公信》，载《人民法院报》2019 年 11 月 9 日。

〔2〕 龙宗智、袁坚：《深化改革背景下对司法行政化的遏制》，载《法学研究》2014 年第 1 期，第 146 页。

之下的院庭长行使审判监管权行为与市场价格行为如出一辙,[1]"机构里底层的人和顶层的人同样重要"。[2]

在审判管理中,现行制度对人民法院整体上的审判监管工作作出了诸多安排,却对作为审判监管权行使主体的院庭长从其中的获益情况未详加规定。然而,整体利益不等于个人利益。院庭长也是理性的经纪人。[3]法院整体上的利益变化不等于院庭长个人利益的增减。当前制度下的院庭长行使审判监管权的行为及其结果很难与院庭长的利益相挂钩。

这可从以下制度安排中得到证实。对于院庭长审判监管责任的履职问责,只有《司法责任制意见》第27条[4]作出了粗疏的规定,且缺乏对其监管工作成绩予以奖励的制度。该条规定虽然明确院庭长应对其履职行为负责,但却并未明确应当承担何种责任。虽然明确对其按照干部管理规定追责,但干部管理规定并不能体现对院庭长审判监管业务的专业要求,且其惩罚手段仅限于"警告、记过、记大过、降级、撤职、开除"。[5]这种惩戒手段并不能与院庭长履行审判监管的职责要求紧密关联,与院庭长滥用监管职权和怠于行使职权造成的后果不相匹配,失之于过轻。也正因失去了制度的羁绊和牵引,实践中才出现了个别院庭长或者不敢监管、不愿监管,或者拒绝放权于法官的局面。这大大降低了审判监管的制度效应。

作为理性的经济人,院庭长也会存在强烈的自利动机,即便是在标榜司法公正的美国联邦最高法院也不例外。[6]院庭长对于多数案件的审判监

---

〔1〕　刘晓东:《刑事审判程序的经济分析》,中国检察出版社2014年版,第10页。

〔2〕　汪海燕:《刑事审判制度改革实证研究》,载《中国刑事法杂志》2018年第6期,第40页。

〔3〕　宋远升:《司法责任制的三重逻辑与核心建构要素》,载《环球法律评论》2017年第5期,第80页。

〔4〕　《司法责任制意见》第27条规定:"负有监督管理职责的人员等因故意或者重大过失,怠于行使或者不当行使审判监督权和审判管理权导致裁判错误并造成严重后果的,依照有关规定应当承担监督管理责任。追究其监督管理责任的,依照干部管理有关规定和程序办理。"

〔5〕　参见《公职人员政务处分法》第7条。

〔6〕　Jon Kåre Skiple et al. , "Supreme Court Justices' Economic Behaviour: A Multilevel Model Analysis", *Scandinavian Political Studies*, 39 (2016), pp. 73~94.

管既无法获得更高的个人威望和职业成就，又可能承担更高的职业风险。所以，一些院庭长就很难具有充足的动力去进行有效的审判监管。与此同时，由于一些案件可能存在与院庭长休戚与共的巨大个人潜在利益，而制度的惩罚力度又极为有限，故而一些院庭长难免会滥权。因而，从个人主义来看，有效发挥制度效应，最大限度地实现审判监督资源的价值，就有必要加强制度建设，将院庭长审判监管结果与其考评紧密结合，从而提升其合理行使审判监管权的动力。

其次，从效率理论出发，我们应实现对审判监管资源的优化配置。在赋予法官更多审判自主权的同时，强化监督，从而保证案件质量提升司法公信力也是司法改革的应有之义。然而，囿于院庭长审判监管资源的有限性，均衡分配这种资源就无法实现其利用效益的最大化。只有把有限的资源配置到可以产生最大效益的地方，才能实现审判监管资源整体效益的最大化。因而，应对两者之间的张力就应当将这种资源予以重点投放，而不能面面俱到。由于重点案件不尽相同，监管制度应当允许各级人民法院的院庭长拥有一定监管力量投放灵活性，允许各级人民法院根据自身情况自主设定重点人、重点事、重点案件和重点环节的监管。[1]

最后，成本-收益分析还启示我们要尽可能节约审判监督资源并利用一些投入成本低但收益高的手段去大幅提升审判监管的效益。节约成本和提升收益是成本-收益分析的基本要求。当然，这种成本的节约是以收益未减少或者虽然大幅减少但减少的成本价值高于收益的价值，而这种收益的提升是以其成本未增长或者虽然大幅增长但这种增长的成本价值高于收益价值为前提条件的。同时，随着审判技术和现代科技的发展，一些投入少却可以大幅提升审判质量的技术已经逐渐普及。例如，指导案例可以为

---

〔1〕 顾培东：《法官个体本位抑或法院整体本位——我国法院建构与运行的基本模式选择》，载《法学研究》2019年第1期，第20页。

普遍性地提升刑事合议庭同类案件的审判质量提供参考,[1]尽管这种作用并非强制,但却可以收获与司法解释类似的"法律"效果。[2]审判人工智能等信息技术则可以以较低的成本投入(如设备采购费、使用费和维护费等)极大地降低审判监管资源的消耗而又不明显降低审判质量。与此同时,在尊重司法规律、确保审判监督权不干扰和改变合议庭裁判以维护司法公正的前提下,压缩院庭长审判监管权的权限也是降低审判资源消耗的重要方法。

### 三、刑事审判合议中监管制度的变革

一是要建立将院庭长行使审判监管权的履职行为与其业绩考评紧密关联的制度。具体可作以下设计:其一,由上一级的法官、律师、法学学者等法律专家组成审判监管履职考评委员会,负责对下一级的院庭长审判监管权行使状况进行专项考评,并将其指导和纠正案件的数量、影响程度、案件难度和重大程度作为院庭长工作考评的重要组成部分和奖惩的重要依据。其二,设定优先条款,对办理案件多、监管成效好的院庭长给予优先晋升晋级;对于消极履行监管职权的应当取消当年度评优评先资格;对于不当行使职权致使出现重大失误的应当按照法官惩戒制度的规定予以惩戒。[3]

二是要建立起允许区分重点的刑事审判合议监管制度,强化对重点案件的审判监管。例如,在审限上,应将审判中止、调取证据、鉴定评估等可能影响审限的因素一一归类,由法官填写在《刑事案件审限管理登记

---

〔1〕 谭波:《全面提高审判质效的制度供给与现实要求——基于全面落实司法责任制的考量》,载《求是学刊》2020年第1期,第118页。

〔2〕 Abimbola A. Olowofoyeku, "Bias in Collegiate Courts", *International and Comparative Law Quarterly*, 65 (2016), p. 895.

〔3〕 龙宗智、孙海龙、张琼:《落实院庭长办案制度》,载《四川大学学报(哲学社会科学版)》2018年第4期,第158页。

表》上。同时，鉴于节点监控已成为"审判管理最直接、最根本、最有效的管理手段和方法"，[1]还需要将"简易程序与普通程序的转换""法定事由""延长审理期限"等审判监管的关键节点在院庭长之间合理分配。只有如此，才能实现刑事审判合议监管资源的优化配置。[2]

三是要进一步优化刑事合议审判案例指导机制。案例指导可以实现交流沟通、法律规范和社会管理功能，促进同案同判，维护法制统一和裁判权威，以较低的审判监管资源投入来达到案件审理质量不降低的目标。然而，我国案例指导制度尚存在诸多纰漏，存在指导性案例不典型，案例选择与撰写的方法与规则不科学，案例运用、激励、沟通和讲评机制不健全等问题。具体而言，可以从以下几个方面做起：①明确判例示范效力，建立判例偏离汇报机制。判例在英美法系具有普遍的拘束力。在我国，虽不必将其地位提升到类似于英美法系判例的高度，但可以明确其指导效力而不是仅仅强调其参考性。只有如此才能更为充分地发挥判例的指导作用。对于最高人民法院发布的指导性判例和本省高级人民法院发布的参考性判例，法官应予以参照。如需作出背离判决，则应提交说明报告，否则当判决出现重大失误并导致严重后果时，人民法院有权追究其司法责任。[3]②完善刑事合议审判案例识别机制。如何界定既判案例和待判案件是否实质同一？为此，我国可以通过进一步增加两者的相符点，提高人工智能审判系统的识别能力，并配以法官助理的人工辅助作用来加以确定。③在确保质量的前提下，进一步提升案例库指导性案例的数量、种类并加注最高人民法院或高级人民法院资深法官的权威解释和评论。[4]为此，案例库需要及时更新，尽早形成规模可观、质量较高、种类全面、检索便捷的刑事审判

---

〔1〕 王伟：《完善审判监督管理 助力审判质效提升》，载《人民法院报》2019年11月10日。

〔2〕 上海市闵行区人民法院课题组：《司法责任制背景下审判监督管理的路径转型》，载上海市法学会编：《上海法学研究集刊——闵行区法院卷》，上海人民出版社2019年版，第220~221页。

〔3〕 王伟：《完善审判监督管理 助力审判质效提升》，载《人民法院报》2019年11月10日。

〔4〕 龙宗智、孙海龙、张琼：《落实院庭长办案制度》，载《四川大学学报（哲学社会科学版）》2018年第4期，第158页。

合议案例数据库。

　　四是要进一步完善促进刑事审判合议监管信息技术提升的制度。利用人工智能提升刑事审判合议监管水平是提高审判监管资源利用效率、实现审判监管资源成效增长的重要方式。技术具有较强的中立性和客观性，而这种中立性和客观性正是刑事审判合议所要追求的。因而，刑事审判合议监管亦应当不断提升自身的信息化水准。为此，制度上应当对其加以保障和促进。要加大对信息技术装备研发和适用的财政专项投入，努力实现和提升电子卷宗、诉讼参与人信息、典型案例的存储和利用水平；要着力化解审判信息与技术管理的脱节问题，将案件审理的信息化程度纳入审判监管制度和法官考评制度，逐步提升审判的自动化、可视化和数字化水准；要加大对法官信息技术利用能力的培养扶持力度，安排定期培训和不定期专项培训，努力造就一批掌握现代核心审判信息技术的职业法官，从而推动信息技术在刑事审判监管领域的利用规模、深度和水准。

　　五是要取消院庭长对特定刑事审判合议案件的审批权和废除审委会"判而不审"的案件讨论和裁决制度。案件逐级审批制度是司法行政化的集中体现。从推行司法责任制以来，多数案件已不再需要院庭长审核和签发。然而，遗憾的是，改革依然留了尾巴，院庭长审批案件的制度并未完全废除。依据《司法责任制意见》第6条，[1]院庭长仍然有权签发审委会讨论决定的案件和院庭长参加审理的案件。同时，如前文所论，我国最高人民法院依旧保留了院庭长针对特定案件的审批权。事实上，这是对审判监管资源的浪费，是对合议庭和独任庭审批权的直接剥夺。

　　在刑事审判合议制中，合议庭决定的作出本身即需要每一个成员的签署，而这种"签署"的前提即是审核，以比对其准确性和完整性。因而，在刑事审判合议庭中，任何一位成员均拥有审核和签发裁判文书的权力。

-------

　　[1]《司法责任制意见》第6条第1款规定："……除审判委员会讨论决定的案件以外，院长、副院长、庭长对其未直接参加审理案件的裁判文书不再进行审核签发。"

当参加案件审理时，院庭长即为合议庭的一员，因而，该制度明确他们在合议庭中的审核和签发权力并无不当。真正值得注意的是，该制度确立了院长对审委会讨论决定的案件的签发权。作为一项权力，院长既可以签发，亦可不予签发。然而，当院长不签发时，审委会的决议是否可以生效？这固然是一个问题。然而，在笔者看来，无论院长是否签发都不符合刑事审判合议制运行的机理。依据实质性参与合议原则，任何未直接、全程参加审理的人员均不得拥有合议并裁判的职权。无论是院长对于审委会所讨论案件的审批签发事实还是审委会对刑事合议庭案件的讨论，都无异于赋予了院长和审委会成员对合议庭所审理案件的合议权、裁判权。因为无论是审委会的讨论还是院长的签发，都是裁判生效的前提，都从根本上决定着裁判的结果。如果院长不签发，则审委会会寻求改变结论，重新讨论并决定；如果审委会讨论结果与合议庭不同，合议庭的裁决意见就得不到尊重，合议庭成员的裁判意见就将归于无效。这使得院长和审委会成员事实上成了合议庭的一员，也继续导致了依然盛行的"形合实独"。

尽管有学者认为这是基于平衡法官素质不高与案件难度过大之间矛盾和司法公信力不足的需要，[1]然而，在我国法官素质大幅提升的今天，我们不应再对法官素养加以怀疑。那种以法官能力和经验不足并因而需要院庭长"把关"的说法已经不合时宜。至于法官的违法行为，则完全可以通过院庭长的监督进行规范，而审判则可视情况决定是否重新进行。因而，借口法官违法行为较多而主张实行院庭长对特定类型案件进行审判的观点是错误的。事实上，即便是院庭长直接审理的特定案件，其判决示范效应亦未必凸显。尽管在法院内部，院长有着最高的职位，其角色却是一个多元的综合体，其作为政治家和管理家的角色处于主要地位，而法官的角色则处于从属地位，级别越高的院长越主要扮演管理家和政治家的角色。正

---

[1] 龙宗智:《法院内设机构改革的矛盾及其应对》，载《法学杂志》2019年第1期，第108页。

如学者所言："即院长不仅不会将太多的时间与精力投入审判业务，就连所谓的专业素养也并非担任院长的必要素质。"[1]而庭长则未必属于资深法官。从实践上看，院庭长办理特定案件的带头效应并未彰显。例如，据实证调研来看，在中基层人民法院，其"带头示范作用不强"。[2]对于特定案件，按照审理者和裁判者合一的要求，院庭长可以更多地承担对此类案件的审理工作，以此来化解刑事审判监管与审判权独立运行的矛盾，从而使刑事审判合议工作从法院整体本位走向法官个体本位。[3]这也是最高人民法院院长权力的应有之义。[4]因此，着眼于尊重司法规律并节约资源，实现院庭长审判监管资源的优化利用，彻底取消院庭长的案件审批权势在必行。同理，审委会也不应继续扮演刑事审判合议庭"上级""领导"的角色。

六是要减少审批事项，取消院庭长将"四类案件"提交审委会和法官会议讨论的决定权，最大限度地提升刑事审判合议庭的审判权独立运行空间。从经济学角度看，院庭长，尤其是院长的审判监管权力是一种极为稀缺的资源。很难想象，在既要审理案件，又要负责法院人财物的运转，还要参加各种会议和活动的情况下，院长还能有多少时间和精力可以用于审判监管。更严重的问题是，赋予院庭长将"四类案件"移交法官委员会和审委会讨论事实上将无异于变相剥夺刑事审判合议庭和独任庭的自主审判权，也在事实上违背了"让审理者裁判、由裁判者负责"的制度设计理念，使得刑事审判合议庭或独任庭失去了自主裁决案件的权力。这实质上是在以审判监管权替代审判权。

---

〔1〕　左卫民：《中国法院院长角色的实证研究》，载《中国法学》2014年第1期，第23页。

〔2〕　肖瑶：《中基层法院院庭长监督指导重大案件的实践运行与机制完善》，载《法律适用》2019年第13期，第92页。

〔3〕　顾培东：《法官个体本位抑或法院整体本位——我国法院建构与运行的基本模式选择》，载《法学研究》2019年第1期，第3页。

〔4〕　秦前红、赵伟：《论最高法院院长的角色及职权》，载《法学》2014年第3期，第74页。

## 第二节　刑事审判合议中的审判责任制度的完善

按照改革者的设计，"让审理者裁判"和"由裁判者负责"共同构成了当前的司法责任制度。前者以解决审理权和裁判权的分离为主旨，意图通过取消院庭长审批权来实现"去行政化"；而后者则要求一旦案件质量出现问题，裁判者就要对所审案件承担责任和被追究责任。然而，长期以来，由于"错案"缺乏明确的标准，在理论上和实践上都面临巨大争议，最高人民法院最终未将"错案"追责纳入"违法审判责任追究制度"。法官是否存在违法审判和办案失误成了对法官实施奖惩和考核的主要依据。与此同时，改革出台了"错案责任倒查问责制"和"办案质量终身负责制"等问责制度。

如今，我国司法制度确立了结果责任模式、过程责任模式和职业伦理模式三种法官追责制度。前两种模式又被统称为办案责任模式。[1]在我国，第三种模式则以职业伦理作为评判依据。法学界的讨论也以上述三种责任模式为对象，只是侧重点各有不同而已。笔者拟对刑事合议庭审判责任的分担原则和这三种责任模式作出分析和比较，以实现确保司法公正基础上的司法效益最大化为依据来提出对法官责任模式及相应的追责机关设置的看法。

### 一、刑事合议庭审判责任分担评析

平等分担审判责任是提升刑事审判合议制度效益的最佳责任分配方案。与法官考核制度和审判监管制度紧密相关，审判责任分担制度亦直接影响着每位刑事审判合议庭成员对合议庭实质性工作的承担。前文已对平等分工作了经济分析。根据权责一致的原则，平等分工必然要求合议庭各

---

〔1〕　陈瑞华：《司法体制改革导论》，法律出版社 2018 年版，第 186 页。

成员平等地承担审判责任。只有平等分工才可以真正提升刑事合议质量和促进审判效率的提升。因而，也只有平等地承担审判责任才能确保刑事合议庭分工的平等性，才能调动起每一位成员的积极性和主动性，促进合议庭成员平等地、实质性地参与合议案件，从而确保司法裁判的质量和提升司法的效率。也只有"分工—审判责任—考核"的一致才能从根本上破除"合而不议""陪而不审"等刑事合议制消解的现象。由于前文已经对平等分工作了经济分析，因而此处不再赘述。与独任制相比，在笔者于前文所设计的刑事审判合议制度中，对外而言，合议庭是以一个整体的面貌承担审判责任的组织，是法官个体的集合化，而独任庭则以法官个人名义承担审判责任。对内而言，合议庭各位成员则承担同等的审判责任。与独任庭相比，刑事审判合议庭成员并不因由合议庭集体承担责任而减少了自身所承担的审判责任。刑事审判合议庭和独任庭只存在集体和个体的区别，并无所承担审判责任上的区别。

## 二、结果责任模式评析

### （一）结果责任模式的特征

结果责任模式存在追责前提的双重标准化、责任承担方式多样化、追责范围广泛化和追责机构多方化三个特征。在我国，这种结果责任通常指实体法差错责任。下文的讨论亦以此为前提。

其一，追责前提的双重标准化。错案是追责的前提。然而，何为错案，其评判的依据又是什么？最高人民法院并未对此予以解释，但依据错案的主要来源线索则可以将其大致划分为程序之内和程序之外。在法定程序内，错案主要来自二审法院和再审法院推翻原审生效裁判的判决和裁定；在法定程序外，错案则来自上级领导批示案件、人大常委会监督案件、信访案件、新闻媒介和网络舆论高度关注的案件等各种情况。错案的界定牵涉案件质量的评价、法官办案积极性及司法公信力等多种问题，具有复杂性。[1]这种追责前提的双重标准正是其复杂性的一种体现。

其二，责任承担方式的多样化。[2]这种责任包括刑事责任、职责惩戒和纪律处分。刑事责任则主要指法官在审判工作中因触犯四类特定职务犯罪而承担的违法责任。职责惩戒则指法官违反职责规定，因故意或重大过失导致案件错误并造成严重后果的行为，具体包括停职、延期晋升、免职、责令辞职、辞退。[3]在此，笔者姑且将这种处罚称为职责惩戒。作为公务员队伍中的一员，法官不仅要受《法官法》约束，还需要受到《公务员法》的纪律约束。这种纪律处分包括警告、记过、记大过、降级、撤职和开除等六种情形。

其三，责任追究范围的广泛化。在结果责任模式下，责任与过错相适应原则被强调。因此，无论是审理案件的合议庭成员（区分不同责任），还是真正作出裁决的、导致错误决定的审委会发表意见成员，都可能会被追责。与此同时，由于仍然存在少数裁判文书审查和签署的情形，审查和签署裁判文书的院庭长同样可能会被追责。[4]

其四，追责机构多方化。对法官的追责具有强烈的行政化色彩。追责通常以上级人民法院指示、上级领导批示和法院内部自行启动两种方式展开。在裁撤法院纪检监察部门后，对法官的追责机构主要包括派驻纪检监察部门、法官惩戒委员会、院长等。派驻纪检监察部门主要是对违反纪律的法官进行调查和纪律处分；[5]其他机构亦有相应职责。然而，无论是纪检监察部门纪律处分还是惩戒委员会的惩戒决定的作出，抑或是法院内部

---

〔1〕 宋远升：《司法责任制的三重逻辑与核心建构要素》，载《环球法律评论》2017年第5期，第77页。

〔2〕 陈瑞华：《司法体制改革导论》，法律出版社2018年版，第189~190页。

〔3〕 《惩戒意见》第10条："法官、检察官违反审判、检察职责的行为属实，惩戒委员会认为构成故意或者因重大过失导致案件错误并造成严重后果的，人民法院、人民检察院应当依照有关规定作出惩戒决定，并给予相应处理。（一）应当给予停职、延期晋升、免职、责令辞职、辞退等处理的，按照干部管理权限和程序依法办理；……"

〔4〕 陈瑞华：《司法体制改革导论》，法律出版社2018年版，第190页。

〔5〕 龙宗智：《法院内设机构改革的矛盾及其应对》，载《法学杂志》2019年第1期，第110页。

的调查，在通常情况下，院长对此都有着重大影响力。

（二）结果责任模式评论

作为我国长期奉行的一种法官追责制度，结果责任模式源于我国长期盛行的司法行政化。其衍生至今，主要的生成逻辑就是实现了对社会舆论和政治压力的及时回应。它顺应了司法行政化的现实要求，亦在一定程度上提高了审判质量，强化了对法官腐败行为的约束。[1]然而，无论这种审判质量的提高在今天是否依然必要，依靠此种形式防止法官腐败是否科学，抑或是对社会舆论和政治压力的应激反应和顺应司法行政化的要求是否符合司法规律，都是值得商榷的。在笔者看来，它不仅不利于裁判独立和司法公正，而且也不符合效率原则。

首先，结果责任模式不利于审判独立，不利于司法效率的提高。结果责任模式以二审、再审裁决结果、发回重审及院长、审委会的决定作为判断的裁决正误的依据，使得合议庭成员存在因自己的认识错误而承担责任的风险。在此种模式下，即使法官并不存在违法行为或违反职业伦理的行为，其也可能因为导致所谓的"错案"而被追究责任。在结果责任制度的设计理念中，所谓的"错案"标准是确定无疑的，而所谓的案件事实真相则是客观存在并能够被裁判者查明的。然而，这种理念本身却存在误区。第一，法律事实不等于案件真相。裁判之前，法官并不可能了解案件的真相，而案件的真相却可能永远都无法查清。法官并未亲身经历案件的整个过程，即便借助有限的庭审证据和证据认定技术亦不能够在所有案件中都查清事实。第二，在司法裁判中，事实存疑的情况常常出现，而法官常常并不能够形成对某一事实的高度内心确信。与此同时，裁判又必须作出。法官不得不必须作出一个事实认定。概言之，裁判只是法官依据有限的事实作出的科学判断，而这一事实则很可能是割裂的、存疑的和难以准确判断的。因而，从本质上说，所谓"违背事实"导致的"错案"并不

---

〔1〕　陈瑞华：《司法体制改革导论》，法律出版社 2018 年版，第 191～193 页

存在。故而，在实质上，结果责任模式就无异于对法官的主观认知而非外界行为进行追责。毋庸置疑，这种模式势必引发法官群体一定程度的心理恐慌：独立裁判可能遭受处分，接受"指导"则可以规避这种风险。

故而，为了降低被认定为"错案"的风险，部分合议庭法官不得不尽可能将裁判权交于院庭长和审委会，甚至主动请求上级人民法院提前介入指导，从而丧失自身的裁判权。这种由上级人民法院及本级院长、审委会决定错案的做法，对审级独立造成了严重冲击，亦使得审判的实际运行与审判规律和刑事诉讼制度发生了偏离。它使得上下级人民法院之间，院长、审委会与法官之间形成了在审判业务上的"事实上的垂直领导关系"[1]，从而大大抵消了司法去行政化的改革努力，甚至会带来更为严重的司法行政化问题。

行政化违背了现代司法裁判独立的要求。如前文所论，只有有利于裁判独立的制度才真正有利于促进司法公正，才是真正符合效率原则的制度。反之，则不仅无助于司法公正，甚至远期看来势必降低司法效率。推行结果责任模式虽然会在短时期内缓解法院压力，但从远期观之，却依然可能会引发由裁决不公正导致的后期司法信访压力和再审、抗诉等司法成本和由社会矛盾导致的整体维稳成本的提升。概言之，结果责任模式并不符合诉讼经济的原则。

其次，结果责任模式导致了司法资源的进一步浪费，亦缺失追责的必要性。世界各国普遍设立了上诉审和再审以限制审判权的滥用，从而使得原审判决得到再次审查，甚至被予以纠正。不仅如此，针对冤错案件的国家赔偿制度也被广泛建立起来。需要强调的是，这种针对刑事冤错案件被告人的赔偿并不限于国家及其工作人员的违法和过错行为。可见，对冤错案件被告人的权利救济制度已经是比较全面和系统的。既然司法制度已经对裁判错误和冤错案件受害人权利救济作出了充分安排，那么还有必要再

---

〔1〕　陈瑞华：《司法体制改革导论》，法律出版社 2018 年版，第 196 页。

去追究法官守法前提下的过错审判责任吗？更何况，这种责任的追究本身缺乏正确的标准，并因而也可能出错，甚至使得案件负责法官承受不白之冤。这种追责模式并未遵循裁判规律，也不能进一步救济冤错案件的受害者，反而会使得更多的人力、物力和财力被用于并无太多实质意义的责任追究。其结果只能是耗费更多的司法资源。

### 三、过程责任模式评析

（一）过程责任模式的特征

这种特征主要表现在以下几个方面：[1]

其一，以程序性违法为基础。过程责任模式强调法官存在程序违法行为。这种行为所涉及的法律包括《刑事诉讼法》《人民法院组织法》和其他法律法规及司法解释。然而，无论是哪一种程序违法行为，对其认定的前提都必须是存在明确的程序性法律规范性文件。

其二，以法官存在主观性过错为前提。依据司法解释，被追究过程责任的法官必须存在故意或者过失。相对于过失而言，故意违反程序规范的法官将被课以更重的纪律处罚。

其三，一般要求法官违法行为造成严重后果。故意违反的，该模式要求法官行为造成不良后果；过失违反的，则要求必须引发严重后果。对此种"不良后果"和"严重后果"的判断主要包括：①法官违法行为导致涉案人员财产损失的；②法官违法行为导致当事人逃脱或人身伤亡的；③法官违法行为导致裁判结果错误的；④法官违法行为引发职责范围内的重大事件并致使国家和社会利益遭受重大损失的。

（二）过程责任模式评论

过程责任模式将我国法官追责从结果责任的传统模式中带出，对实现法官追责的规范化和科学化产生了重要影响。然而，这种模式却同样是不

---

〔1〕　陈瑞华：《司法体制改革导论》，法律出版社 2018 年版，第 199 页。

必要的。

首先，会影响到审判独立。[1]经过多年的改革，特别是法律职业资格考试的推行，我国法官群体的素养已经得到了大幅提高。在这种前提下，法官普遍能够守法并遵守法律程序。以此为前提，法官拥有一定程度的自由裁判权。例如，刑事合议庭成员有权决定是否依被追诉人或辩护人的申请调查某项事实。然而，如若严格实行过程责任模式，由于"两害相权取其轻"，法官为了避免被追究较重责任难免会机械办案并承担相对较轻的案件延期责任。更何况，《刑事诉讼法》对延期审判规定了多种情形，法官对此有着不必承担任何责任的多种路径选择。这就会侵损法官的独立裁判权，并导致司法资源在远期上的更多消耗。

其次，治理效果不佳。[2]由于过程责任模式启动追责以造成"严重后果"为前提，因而单纯因程序违法而被追责的法官极少。从司法实践来看，只有那些造成特定社会危害，引发当事人伤亡并导致社会舆论强烈关注，同时存在程序违法行为的法官才会被追责。在案件质量评查中，尽管各地人民法院普遍确立了过程责任追责模式，对程序的遵守情况亦成了法官考核的要素之一，但单纯因程序而被追责的法官却寥寥无几。这意味着过程责任模式已在一定程度上落空。

最后，缺乏施行的必要性。《刑事诉讼法》确立了程序违法审判的制裁制度。对于存在程序违法、可能影响司法公正的审判，二审可以撤销原判并发还重审，而一审法官则往往会因为案件被法官重审而影响到业绩考核。质言之，一审法官已经受到了足够制裁，而一审程序错误已经得到了有效纠正。既然如此，进一步借此追究法官责任就将缺乏意义。

---

〔1〕 陈瑞华:《司法体制改革导论》，法律出版社 2018 年版，第 23 页。
〔2〕 陈瑞华:《司法体制改革导论》，法律出版社 2018 年版，第 24 页。

## 四、职业伦理责任模式评析

### (一) 职业伦理责任模式的特征

其一，以职业伦理规范为依据。这种规范散见于《法官法》和《法官职业道德基本准则》等文件，具体包括保证司法公正、坚持司法为民、维护司法廉洁和形象、忠诚于司法事业等方面。这种规范对法官提出了较高的职业素养要求。[1]对于普通公民而言，从事或参与营利性活动反而是国家所鼓励的致富行为，而法官则不能借此同时从事或参与营利性活动。同时，职业伦理责任所涉及的行为往往与审判无直接联系。例如，《法官法》第 46 条第 9 项规定中的"从事或参与营利性活动"就既不涉及错误的裁判结果，又与法官违反法定程序审判无关。显然，这种职业规范责任不同于过程责任或结果责任。此外，这种职业责任往往也不涉及刑事责任。如果法官存在徇私枉法、收受贿赂等行为，则应直接追究其刑事责任，而非追究其伦理责任。

其二，追责机构的多重性。依据有关规定，[2]人民法院是追究职业伦理责任的主要机关。同时，随着派驻纪检组织的推行，原本由机关内部纪检组织承担的此类追责转由派驻纪检组织处理。因此，派驻纪检组织与人民法院一道成为实际的法官伦理责任追责机构。然而，由于派驻纪检组织往往不参与司法工作，因此多数派驻纪检组织对法官伦理责任的追究可能缺乏专业性。此外，法官惩戒委员会也有权追究法官的职业伦理责任。

---

[1] 例如，《法官法》第 46 条第 1 款第 9 项规定"违反有关规定从事或者参与营利性活动，在企业或者其他营利性组织中兼任职务的"法官应受到纪律处分。

[2]《司法责任制意见》第 25 条第 3 款规定："法官有违反职业道德准则和纪律规定，接受案件当事人及相关人员的请客送礼、与律师进行不正当交往等违纪违法行为，依照法律及有关纪律规定另行处理。"《法官职业道德基本准则》第 28 条规定："各级人民法院负责督促实施本准则，对于违反本准则的行为，视情节后果予以诫勉谈话、批评通报；情节严重构成违纪违法的，依照相关纪律和法律规定予以严肃处理。"

（二）职业伦理模式评论

在职业伦理模式下，无论是法院还是法官都承受着更多的责任和压力。本欲实现追责专业化的改革在某种程度上甚至朝着相反的方向前进。这也违反了经济性原则。

首先，追责机构的增多加剧了司法资源的消耗。在法院内部，无论是院庭长还是案件监管部门都依然存在；在外部，则又增加了法官惩戒委员会，而纪检监察机构则由法院系统内部转为了法院系统外部。包括组织人事部门在内的原有机构依然拥有干部管理权限。原有的追责部门非但没有减少，反而出现了更多的外部追责机构。

其次，法官更加容易失去裁判的独立性。法院系统内部原有的院庭长等行政人员并未减少。法官仍需要受到上述人员的监管。同时，法官自身也有行政级别，服从既定的行政序列。此外，法官承受着更大的办案压力。如果说由于以往纪检监察机构属于法院内部，要受到法院党组领导，法官的责任和压力主要来源于法院内部的话，那么实行派驻纪检监察组织制度后，法官就不仅要承受法院内部对违法审判责任的追究，而且还要接受外部纪检组织和惩戒委员会的追责。案管部门依旧可以对其进行追责，法院审委会依旧可以对其提出初步处理意见并依据惩戒委员会裁定对其施以处罚。较之改革前而言，法官承受着更强的监督和更大的压力。这些都使得法官履职的处境未发生本质的转变，并承受着更大的责任和压力。

《法官职业道德基本准则》第28条规定在赋予法院追究法官违反职业道德责任的权力时，也划分了人民法院和纪检监察机关的权力界限。该条款实则将违反职业道德准则的行为划分为了一般和情节严重两种，认为严重的方构成违纪违法，方可由纪检监察机关处理，而一般的则由人民法院给予诫勉谈话和通报批评。可见，纪检监察机关的处罚更为严厉。概言之，由于纪检监察权的行政属性和权力的增强，纪检监察机关在追究法官职业伦理责任时发挥着更为重要的作用。这就使得人民法院和法官不得不需要更多地考虑纪检监察机关的意见。在这种层层传导的压力下，法官的行政化非但没有弱化，反而更加强化。

## 五、刑事审判合议中审判责任制度的变革

我国平等分工、共同负责的合议制度为确立刑事审判合议庭成员平等承担审判责任的制度建立奠定了基石。《司法责任制意见》对法官责任模式作出了系统性规定。《司法责任制意见》第25、26条将结果责任和过程责任统一规定为违法审判责任，并要求法官对其审判职责范围内的案件质量终身负责。对于职业伦理责任，它则规定依其他规范另行实施。同时，《司法责任制意见》第28条对法官被追责情形作出了细致规定，法官对事实和法律适用的专业认知范围内的不同观点不再成为追责的理由。这些都体现了改革对于司法规律的尊重。事实上，这三种模式都有存在的必要，亦都拥有进一步完善的制度空间。[1]

面对破除刑事合议庭制度消解的呼声，进一步完善刑事合议庭审判责任分配制度显得迫在眉睫。立足于长远发展，职业伦理模式更体现司法规律。然而，面对"案卷笔录主义""流水线作业"模式依旧存在着较大运行空间的中国司法，立即掐断结果责任模式和过程模式则很可能引发洪水式的司法灾难。有学者曾言，我国当前的司法状况制约了司法责任制的实施："……当前条件下，还不能不对审判活动实施一定程度、特定方式的行政控制，以贯彻国家政策，保障案件质量。"[2]故而，我国应在尊重司法规律的基础上，本着诉讼经济的原则，通过修改《司法责任制意见》等规定进一步完善现行刑事审判合议中的审判责任制度。

首先，针对采用刑事合议制形式审理的案件，我国应当明确只有刑事合议庭才是案件审判的主体和承担司法责任的主体，其任何一名成员都不

---

〔1〕　李桂红：《科学配置审判权力　切实提升司法公信》，载《人民法院报》2019年11月9日。

〔2〕　龙宗智、孙海龙、张琼：《落实院庭长办案制度》，载《四川大学学报（哲学社会科学版）》2018年第4期，第43页。

能承担案件的主要责任，各成员应承担同等的审判责任（这种同等可以是大体上的，而非绝对的）。质言之，对承办法官和非承办法官的权力、责任和业绩考评均应当坚持平等的原则，而不能存在明显畸轻畸重的现象。因而，合议庭成员的审判任务应按照平等分工的原则协商确定，其司法责任和业绩考评亦应当实现平等承担和平等进行，在整体上实现每位合议庭成员所承担的审判任务、责任和业绩考评的均衡。当然，这并不意味着每一位成员需要承担的审判工作、司法责任和业绩考评应当完全无差别。[1]它们可以存在少许差别，但这种差别不应是整体性的。

其次，应将"裁判结果错误"修改为"裁判结果违法"。[2]从司法原理上看，二审法院或再审法院作出的裁判并不一定能够推翻原判，因为它也同样存在错误的可能。例如，二审裁判被再审推翻的现象就屡见不鲜。因而，它不应当成为确定原裁判正确与否的标尺。反之，如果将其作为判断原审裁判正确与否的标准，则可能侵害到原审法院的独立性。上下级法院关系就可能异化为领导与被领导而非监督与被监督的关系。一审法院法官就会通过各种路径提前了解上级法院可能负责该案件二审法官的意见并迎合上级法院法官的意见作出裁判。这就会使得上级法院的裁判在实质上成为一种形式上的摆设。司法资源亦将因此而过度消耗。因而，从诉讼经济的角度考量，这种将二审法院或再审法院裁判作为原审法院裁判正确与否的标准的做法必须予以抛弃。

或许，原审法院裁判正误的标尺永远都不可能实现科学界定。然而，立足于国情，我们还必须找到追究原审法院法官结果责任和过程责任的依据。在专业认知的范围内，法官的思维不应受到责难，而其行为的违法性却应当被谴责。如果将"裁判结果错误"修改为"裁判结果违法"，则相

---

〔1〕 鲁桂华：《合议制下审判团队改革的实践与完善》，载《理论视野》2017 年第 9 期，第 52 页。

〔2〕 陈瑞华：《司法体制改革导论》，法律出版社 2018 年版，第 217 页。

对容易判断。[1]从经济学角度考虑，判断依据的清晰化降低了判断的成本。例如，法官对不符合条件的罪犯裁定减刑、假释。这种裁判之所以错误就是因为其违法裁判而非基于专业认知范围内的认识偏差。这样的行为就应受到谴责和追究。

再次，追究刑事合议法官违法审判责任还应以造成特定的"严重后果"为条件。[2]《司法责任制意见》明确规定了应当追究法官责任的行为。[3]然而，该规定对这些行为责任的追究却并未要求造成"严重后果"。在笔者看来，这样的规定无疑使得对法官责任的追究范围过大。固然，这些行为是恶劣的，涉事法官对此种行为的态度亦可以被推定为故意，但是，无论从权责相当抑或节约司法资源的角度，都应当对此加以进一步的限定，从而缩小打击面。仅仅存在这些违法审判行为并不足以启动对法官的追责程序。[4]易言之，只有法官存在以上行为并导致了"严重后果"方可对其追究责任。

这种"严重后果"既可以包括造成违法的裁判结果，也可以是当事人或其他涉案人员的人身伤亡或财产损失。于此语境下，我们应当正视法官裁判带来的后果。只要法官不存在违法行为，即使发生了"严重后果"，亦不能因此而追究法官的审判责任。这是因为此种严重后果很可能并不涉及审判的技术失误或者法官职业伦理缺失，而是由于案件社会影响被不当扭曲或放大。以此结果倒推审判人员的责任并不恰当。[5]让政治的归政

---

〔1〕 徐胜萍、张雪花：《司法改革语境下合议制度理论的借鉴与重构》，载《法学杂志》2017年第12期，第105页。

〔2〕 陈瑞华：《司法体制改革导论》，法律出版社2018年版，第217页。

〔3〕 这些行为包括：违反规定私自办案或制造虚假案件、涂改、隐匿、伪造、偷换和故意损毁证据材料、违反法律规定，对不符合减刑、假释条件的罪犯裁定减刑、假释等实体法违法行为和向合议庭、审委会汇报案情时隐瞒主要证据、重要情节和故意提供虚假材料的行为等程序法和证据法违法行为。

〔4〕 石晓波：《司法成本控制下法官精英化的改革出路》，载《法学评论》2017年第5期，第144页。

〔5〕 陈瑞华：《司法体制改革导论》，法律出版社2018年版，第218页。

治，法律的归法律！只有这样，法官才能从容地开展审判，并保证裁判独立。

复次，应当删除"故意"和"重大过失"对刑事合议法官违法审判责任行为的限制。固然，论心定责是我国传统司法责任制度的精粹。然而，在违法审判责任的前提下，对于具备专业知识和技能、专门从事审判工作的法官而言，其行为无外乎故意或过失，并不存在刑事犯罪中"意外事件"免责情形的空间。质言之，法官的违法审判行为无非故意和过失。然而，我们对于法官这种主观心理态度的界定却是困难的，而且势必需要较多的资源消耗。依据其行为推断其主观态度则是符合效率原则的。故而，对待法官违法审判行为，不宜在《司法责任制意见》第26条所规定的行为中添加"故意"或者"过失"的限定语，否则就会导致追责的范围过窄，且追责的前提条件模糊的情形出现。只有恰如其分地设置追责范围，刑事合议法官追责模式才能进一步得到完善。[1]

最后，要重新构建法官伦理责任模式的追责机构，优化刑事合议法官责任追责程序。《司法责任制意见》第34、36条对法官违法审判责任的追责程序作出了规定。它规定的追责部门涉及院长、审判监督部门、审判管理部门、审委会、法院纪检监察部门、省级法官惩戒委员会。在追责程序的发动上，院长、审监部门或审管部门、审委会发挥着重要作用。由于副院长、庭长和副庭长多为我国人民法院审委会委员，因而在法官违法审判追责问题上，审判行政化又以一种全新的面目出现。同时，人民法院还是法官伦理责任追责的重要部门。这就对刑事合议庭独立裁判构成了新的挑战。"由自己人查自己人难以取得公信力，也难以真正查出问题来"，最终受到责任追究的人为数不多。[2]因而，着眼于审判独立，我们就必须实现追责主体对于审判机关的独立。[3]当前的审判责任追究之所以没有全面交

〔1〕 陈瑞华：《司法体制改革导论》，法律出版社2018年版，第218页。
〔2〕 张智辉：《论司法责任制综合配套改革》，载《中国法学》2018年第2期，第71页。
〔3〕 陈卫东：《司法责任制改革研究》，载《法学杂志》2017年第8期，第38页。

由纪检监察机关，正是由于纪检监察机关不够专业导致。然而，着眼于审判独立，我们更应将实现法官追责的专业化作为重要的改革目标而不是继续保留法院自身的追责部门。

在笔者看来，着眼于尊重司法规律，实现审判工作的去行政化和审判独立，应该在纪检监察机关中设立专门的司法人员追责部门，使之成为独立于法院之外的法官追责组织，[1]实现其专业化的运作，并全面负责对法官违法审判责任、伦理责任、纪律责任和刑事责任的调查，以破解法院自我调查的情理困境。[2]同时，应当设立市、县一级的法官惩戒委员会，并扩大省级法官惩戒委员会职责范围，由省、市、县三级法官惩戒委员会全面、分级负责各级法官审判责任、伦理责任和纪律责任的认定；[3]院长、案管部门或审管部门、审委会和普通公民一样，可以将涉嫌违法审判、违背职业伦理和违背职业纪律的法官投诉至纪检监察机关，而不再承担就法官违法审判责任的初步意见提出责任的任务，不再拥有职业伦理追责权，没有优于普通公民的、对法官追责的权力和权利。只有如此，法官的独立裁判和审判独立才能实现，法院的去行政化才能实现，司法资源的效率才能大幅提高。

---

〔1〕 张智辉：《论司法责任制综合配套改革》，载《中国法学》2018 年第 2 期，第 63 页。

〔2〕 李微娜、金锦花：《论司法责任制》，载《长春理工大学学报（社会科学版）》2018 年第 4 期，第 18 页；王明辉：《论我国审判责任制改革》，西南政法大学 2018 年博士学位论文，第 119 页。

〔3〕 朱福勇：《论合议庭的评议对象与论证表达》，载《法律科学（西北政法大学学报）》2017 年第 1 期，第 141 页。

# 结　论

　　建设公正、高效、权威的司法制度，维护公平正义是广大人民群众的热切期盼和深入推进多项司法体制改革的目标要求。刑事审判合议制度改革则是其重要内容，而这一改革则又是一个庞杂的系统工程。因而，只有着眼于将刑事审判合议制度本身及其配套制度均纳入完善的范畴，才能真正破除"合而不议""议而不决"和"裁而不审"等现象，充分实现刑事审判合议制度的功能。为此，我们需要运用经济分析、价值分析等方法刺穿上述迷雾，破解理论困局并探寻相关制度运行的完善路径。

　　从诉讼经济的角度考量，压缩刑事合议制的适用范围，扩大独任制审判适用领域，就显得迫切而又必要。刑事审判合议制度的适用应坚持尊重被告人合议制选择意愿，只有疑难、复杂、重大案件方可适用和从低到高逐级增加合议庭适用频率的原则。就基层人民法院而言，其应当适用合议制度审理的案件包括：①涉及国家安全、外交、社会稳定等敏感情况且被告人选择适用合议制度的案件；②本院已经发生法律效力的判决、裁定、调解书等确有错误需要再审且被告人选择适用合议制度的案件；③法律适用规则不明且被告人选择适用合议制度的新类型案件；④拟宣告被告人无罪且被告人选择适用合议制度的案件；⑤拟在法定刑以下判处刑罚或者免予刑事处罚且被告人选择适用合议制度的案件。

　　中级人民法院适用刑事审判合议制度审理的案件范围应在现行规定基础上适当压缩。中级人民法院因上诉和抗诉而需要适用合议制度审理的案件中的重大、疑难和复杂案件则不仅应包括前述基层人民法院的重大、疑难和复杂案件，而且还应包括恐怖活动案件、死刑案件、抗诉案件和被告人、自诉人及其法定代理人对定罪和量刑有异议且可能影响定罪量刑的案件。因而，中级人民法院需要采用刑事审判合议制度审理的案件具体应包括：①涉及国家安全、外交、社会稳定等敏感情况且被告人选择适用合议制度的案件；②本院已经发生法律效力的判决、裁定、调解书等确有错误需要再审且被告人选择适用合议制度的案件；③法律适用规则不明且被告人选择适用合议制度的新类型案件；④拟宣告被告人无罪且被告人选择适用合议制度的案件；⑤拟在法定刑以下判处刑罚或者免予刑事处罚且被告人选择适用合议制度的案件；⑥被告人选择适用合议制度的恐怖活动案件；⑦被告人选择适用合议制度的死刑和无期徒刑案件；⑧被告人、自诉人及其法定代理人对定罪和量刑有异议，可能影响定罪量刑且选择合议制度的案件。

就高级人民法院和最高人民法院刑事审判合议制度的适用而言，由于该两级人民法院审理的皆为在省级区域或全国有重大影响的案件，因此在合议制度的适用上，应坚持以合议制度为主、独任制为例外的原则，只要被告人未明确反对适用合议制度，就应当适用合议制。在这里，同样坚持了尊重被告人合议制适用选择权的原则，稍有不同的是，鼓励被告人更多地适用合议制度。

博弈论启示我们，刑事合议庭的群成员要能够实质性地参与博弈，合议庭成员的角色要均衡。因而，刑事合议庭应坚持平等分工与平等考核原则和实质性参与合议原则，以充分调动合议庭所有成员的积极性、能动性。在分工上，具体而言，应废除院庭长参与审理案件时应当担任审判长的制度；审判长人选的确定应按照平等分工的原则确定；在无陪审员的合议庭中，审判长一职应由合议庭成员均衡化确定；承办法官应成为负责合议庭各项审判事务组织的"受托人""代理人"而非多数实质性审判事务的"受托人"和"代理人"并依据合议庭的集体决议行使裁判权。法官考核不仅应确立平等考核承办法官和非承办法官的考核原则，而且还应赋予承办法官和非承办法官在合议庭主要工作上同等的考核权重。法官业绩考核制度应由司法管理制度上升为司法制度。

审判监管权行使和审判权运行的界限在于两者性质不同、地位不同和作用不同。两者最大的界限是：审判监管权只能对刑事合议庭所审理案件的效率、流程、人员配置产生一定的影响，而不能直接影响到法官行使审判裁决权的独立性；审判监管不应介入和干预审判裁判的依法进行；审判监管的作用在于服务于审判权，以实现规范、保障、促进和服务的功能，而不应在于影响甚至改变合议庭遵循法定程序的审判进程以及对程序事项和实体事项的裁决。以经济学为视角，将刑事审判合议中的监管权和审判权界限加以优化是实现优化配置和节约利用审判监督资源的重要路径。因而，应建立将院庭长行使刑事审判监管权的履职行为与其业绩考评紧密关联的制度；应建立起允许区分重点的刑事审判监管制度，强化对重点案件的审判监管；应进一步优化案例指导机制并进一步完善促进刑事审判监管信息技术提升的制度；应全面取消院庭长对特定案件的审批权和废除审委会"判而不审"的案件讨论和裁决制度。

对刑事合议庭审判责任的分担原则和三种责任模式作出分析和比较，有助于以实现确保司法公正基础上的司法效益最大化为依据，来提出对法官责任模式及相应的追责机关设置的看法。针对采用刑事合议庭审理的案件，我国应当明确只有合议庭才是案件审判的主体和承担司法责任的主体，其任何一名成员都不能承担案件的主要责任，各成员应承担同等的审判责任。应将《司法责任制意见》中的"裁判结果错误"修改为"裁判结果违法"；追究违法审判责任还应以造成特定的"严重后果"为条件；应当删除"故意"和"重大过失"对法官违法审判责任行为的限制；应重新构建法官伦理责任模式的追责机构，优化法官责任追责程序。

　　从经济学视角来看，审合关系亦属于一种成本平衡机制。只有有利于实现合议庭独立裁判的审合关系设计才是司法成本最低的，审合关系的设计必须以实现合议庭的独立审判为目标，从而降低成本。纠正审合关系的错位，就必须着眼于改造审委会和刑事合议庭的审判职能。在未来，审委会讨论决定重大、疑难、复杂案件的法律适用的职能应转变为直接审理重大、疑难和复杂案件。同时，还应设置向合议庭和独任庭提供咨询意见和宏观指导的职能。审委会与刑事合议庭应长期共生与合作，共同致力于实现司法公正和高效。合议庭职责的简化则应着眼于取消其将重大、疑难和复杂案件提交院长提请审委会讨论的义务。

　　尽管本书围绕刑事审判合议制度对其长期存在的突出现象作了系统探讨，在研究的过程中也通过电话访谈和面谈的形式联系了多位法官，就刑事审判合议制度存在的问题进行了深入探讨，以避免理论与实践的脱节，但囿于时间和精力所限，这种调研并未大规模展开。同时，亦未对上级法院对下级法院的不当影响、人民陪审制的完善等问题进行深入研究。这不能不说是一个遗憾。这些问题都有待未来进一步深入研究。

# 参考文献

［1］郑未媚：《庭审实质化背景下合议制及其运行规则》，载《人民法院报》2016 年 8 月 31 日。

［2］李奋飞：《论刑事庭审实质化的制约要素》，载《法学论坛》2020 年第 4 期。

［3］袁坚：《刑事审判合议制度研究》，法律出版社 2014 年版。

［4］［德］马克斯·韦伯：《经济与社会》（上卷），林荣远译，商务印书馆 1997 年版。

［5］张仲侠：《审判团队——以合议庭审判资源配置与规则重构为视角》，人民法院出版社 2018 年版。

［6］［美］汉密尔顿、杰伊、麦迪逊：《联邦党人文集》，程逢如、在汉、舒逊译，商务印书馆 1980 年版。

［7］［日］斋藤寿郎：《合议制与单独制——体验的合议制论》，载《判例 Times》第 400 期。

［8］赵瑞罡：《司法改革背景下合议制度研究》，法律出版社 2018 年版。

［9］刘世强：《刑事合议制度研究》，中国政法大学出版社 2014 年版。

［10］杨朝永：《民事审判合议制度研究》，西南政法大学 2016 年博士学位论文。

［11］左卫民、汤火箭、吴卫军：《合议制度研究：兼论合议庭独立审判》，法律出版社 2001 年版。

［12］V. A. Hettinger, S. A. Lindquist & W. L. Martinek, *Judging On A Collegial Court：Influences on Federal Appellate Decision Making*, University of Virginia Press, 2006.

［13］Neil Chisholm, "The Faces of Judicial Independence：Democratic versus Bureaucratic Accountability in Judicial Selection, Training, and Promotion in South Korea", *The American Journal of Comparative Law*, 62 （2014）.

［14］ Jonathan P. Kastellec，"Asymmetrical Incentives and Collegial Dynamics in the Judicial Hierarchy：Decision Making on Three-judge Panels"，*Dissertation &Theses-Gradworks*，73（2009）.

［15］［日］樱田胜义：《少数意见论序说》，载《判例 Times》第 275 期。

［16］张雪纯：《合议制裁判研究——基于决策理论的分析》，法律出版社 2013 年版。

［17］尹忠显主编：《合议制问题研究》，法律出版社 2002 年版。

［18］方乐：《法官责任制度的功能期待会落空吗?》，载《法制与社会发展》2020 年第 3 期。

［19］王禄生：《人民陪审改革成效的非均衡困境及其对策——基于刑事判决书的大数据挖掘》，载《中国刑事法杂志》2020 年第 4 期。

［20］康宝奇主编：《专业化合议庭建设及类型化案件审判研究》（第 1 辑），人民法院出版社 2009 年版。

［21］ Abimbola A. Olowofoyeku，"Bias in Collegiate Courts"，*International and Comparative Law Quarterly*，65（2016）.

［22］ Dimitri Landa & Jeffrey R. Lax，"Disagreements on Collegial Courts：A Case-Space Approach"，*Journal of Constitutional Law*，10（2008）.

［23］ Scott R. Meinke & Kevin M. Scott，"Collegial Influence and Judicial Voting Change：The Effect of Membership Change on U. S. Supreme Court Justices"，*Law & Society Review*，41（2007）.

［24］ Frank B. Cross，"Collegial Ideology in the Courts"，*Northwestern University Law Review*，103（2009）.

［25］ H. W. Perry Jr. et al. ，"Interaction and Decisionmaking on Collegial Courts：A Panel Discussion"，*Judicature*，71（1988）.

［26］李麒、柴雷哲：《院庭长审判监督管理权的合理性及其限度》，载《晋中学院学报》2020 年第 1 期。

［27］陈瑞华：《司法体制改革导论》，法律出版社 2018 年版。

［28］ Albert P. Melone，"Growing Professionalism within the Ranks of the Chinese Bench and Bar is Cause for Guarded Optimism About the Development of an Independent Judiciary"，*Judicature*，81（1998）.

[29] Penny J. White, "Judging Judges: Securing Judicial Independence by Use of Judicial Performance Evaluations", *Fordham Urban Law Journal*, 29 (2002).

[30] John O. Haley, "The Civil, Criminal and Disciplinary Liability of Judges", *The American Journal of Comparative Law*, 54 (2006).

[31] 王海军:《刑事审判模式的经济分析——以当事人主义为中心》,中国政法大学出版社 2013 年版。

[32] 刘晓东:《刑事审判程序的经济分析》,中国检察出版社 2014 年版。

[33] 李晓静:《经济分析方法在刑事诉讼法学研究中的问题》,载《财经问题研究》2014 年第 S2 期。

[34] [美] 理查德·A. 波斯纳:《法律理论的前沿》,武欣、凌斌译,中国政法大学出版社 2003 年版。

[35] Oliver Wendell Homes Jr., "The Path of the Law", *Harvard Law Review*, 10 (1897).

[36] 石晓波:《司法成本控制下法官精英化的改革出路》,载《法学评论》2017 年第 5 期。

[37] [澳] 黄有光:《福利经济学》,周建明等译,中国友谊出版公司 1991 年版。

[38] James M. Buchanan & Gordon Tullock, *The Calculus of Consent: Logical Foundations of Constitutional Democracy*, The University of Michigan Press, 1962.

[39] Ellen E. Sward, "Values, Ideology, and the Evolution of the Adversary System", *Indiana Law Journal*, 64 (1989).

[40] JackHirshleifer, "Evolutionary Models in Economics and Law", *Research in Law and Economics*, 4 (1982).

[41] Douglas G. Baird, "The Future Of Law And Economics: Looking Forward", *The University of Chicago Law Review*, 64 (1997).

[42] 罗晖:《新世纪法国刑事预审制度改革探析——基于成本-收益的法经济学分析》,载《学术论坛》2014 年第 6 期。

[43] Kenneth A. Shepsle, "Congress is a 'they', not an 'it': Legislative Intent as Oxymoron", *International Review of Law and Economics*, 12 (1992).

[44] William C. Mitchell & Michael C. Munger, "Economic Models of Interest Groups: An Introductory Survey", *American Journal of Political Science*, 35 (1991).

［45］John A. Ferejohn & Barry R. Weingast，"A Positive Theory of Statutory Interpretation"，*International Review of Law and Economics*，12（1992）．

［46］R. A. Posner，*Economic Analysis of Law*，Little Brown and Company，1977．

［47］辛辉、荣丽双主编：《法律的精神：法律格言智慧警句精选》，中国法制出版社2016年版。

［48］［德］古斯塔夫·拉德布鲁赫：《法律智慧警句集》，舒国滢译，中国法制出版社2016年版。

［49］陈瑞华：《看得见的正义》（第2版），北京大学出版社2013年版。

［50］刘琰囡：《论合议庭"形合实独"的现状与出路》，载《河南科技学院学报（社会科学版）》2017年第9期。

［51］James T. Schleifer，"Tocqueville，Covenant，and the Democratic Revolution：Harmonizing Earth with Heaven by Barbara Allen"，*Perspectives on Politics*，4（2006）．

［52］袁坚：《司法合议制度研究——以一审公诉案件合议庭的运作为视角》，西南政法大学2011年博士学位论文。

［53］鲁桂华：《合议制下审判团队改革的实践与完善》，载《理论视野》2017年第9期。

［54］Lewis A. Kornhauser & Lawrence G. Sager，"The One and the Many：Adjudication in Collegial Courts"，*California Law Review*，81（1993）．

［55］Peter R. Monge，"The Network Level of Analysis"，in Charles R. Berger & Steven H. Chaffee（eds.），*Handbook of Communication Science*，Sage Publications Inc.，1987．

［56］Frederic M. Jablin et al.（eds.），*Handbook of Organizational Communication：An Interdisciplinary Perspective*，Sage Publications Inc.，1987．

［57］Paul H. Edelman，David E. Klein & Stefanie A. Lindquist，"Measuring Deviations from Expected Voting Patterns on Collegial Courts"，*Journal of Empirical Legal Studies*，5（2008）．

［58］［美］斯东：《苏格拉底的审判》，董乐山译，生活·读书·新知三联书店1998年版。

［59］何勤华主编：《外国法制史》（第5版），法律出版社2011年版。

［60］Ralph V. Turner，"The Origins of the Medieval English Jury：Frankish，English，or

Scandinavian？"，*Journal of British Studies*，7（1968）．

［61］Liu Zhuo，"Study on the Dynamic Mechanism of Environmental Public Interest Litigation in China"，*Fresenius Environmental Bulletin*，19（2020）．

［62］巩富文：《中国古代法官会审制度》，载《史学月刊》1992 年第 6 期。

［63］［美］米尔伊安·R. 达玛什卡：《司法和国家权力的多种面孔——比较视野中的法律程序》，郑戈译，中国政法大学出版社 2004 年版。

［64］［美］道·诺斯：《制度变迁理论纲要——在北京大学中国经济研究中心成立大会上的讲演》，载北京大学中国经济研究中心编：《经济学与中国经济改革》，上海人民出版社 1995 年版。

［65］［美］杰罗姆·弗兰克：《初审法院——美国司法中的神话与现实》，赵承寿译，中国政法大学出版社 2007 年版。

［66］Hans-Heinrich Jescheck，"Principles of German Criminal Procedure in Comparison with American Law"，*Virginia Law Review*，56（1970）．

［67］［日］谷口安平：《程序的正义与诉讼》（增补本），王亚新、刘荣军译，中国政法大学出版社 2002 年版。

［68］［日］田口守一：《刑事诉讼法》（第 7 版），张凌、于秀峰译，法律出版社 2019 年版。

［69］J. D. Jackson，"Theories of Truth Finding in Criminal Procedure：An Evolutionary Approach"，*Cardozo Law Review*，45（1988）．

［70］Michele Taruffo，"Rethinking the Standards of Proof"，*The American Journal of Comparative Law*，51（2003）．

［71］陈瑞华：《法院改革中的九大争议问题》，载《中国法律评论》2016 年第 3 期。

［72］《世界各国刑事诉讼法》编辑委员会编译：《世界各国刑事诉讼法》（美洲卷），中国检察出版社 2016 年版。

［73］Harry Kalven Jr. & Hans Zeisel，*The American Jury*，The University of Chicago Press，1996．

［74］Sanja Kutnjak Ivković，"An Inside View：Professional Judges' and Lay Judges' Support for Mixed Tribunals"，*Law & Policy*，25（2003）．

［75］［美］H. W. 埃尔曼：《比较法律文化》，贺卫方、高鸿钧译，清华大学出版社

2002 年版。

[76] 章武生、杨严炎：《德国民事诉讼制度改革之评析》，载《比较法研究》2003 年第 1 期。

[77] Clemens Bartollas & Loras A. Jaeger, *American Criminal Justice: An Introduction*, Macmillan Publishing Company, 1988.

[78] ［美］彼得·G. 伦斯特洛姆编：《美国法律词典》，贺卫方等译，中国政法大学出版社 1998 年版。

[79] 《法国刑事诉讼法典》，余叔通、谢朝华译，中国政法大学出版社 1997 年版。

[80] 贾志强：《人民陪审员参审职权改革的中国模式及反思》，载《当代法学》2018 年第 2 期。

[81] 左卫民：《七人陪审合议制的反思与建言》，载《法学杂志》2019 年第 4 期。

[82] 宋冰编：《程序、正义与现代化——外国法学家在华演讲录》，中国政法大学出版社 1998 年版。

[83] 王禄生：《美国司法体制的数据观察》，法律出版社 2018 年版。

[84] 李磊：《论合议庭评议十大规则》，载《贵阳学院学报（社会科学版）》2016 年第 3 期。

[85] 彭海青：《我国合议庭评议表决制度功能缺失之省思》，载《法律科学（西北政法大学学报）》2009 年第 3 期。

[86] 沈寿文：《合议制的性质与合议庭的异化》，载《中国宪法年刊》2015 年第 0 期。

[87] 梁平、刘春松：《司法改革背景下合议制面临的问题及完善路径探讨》，载《中共乐山市委党校学报》2016 年第 4 期。

[88] 顾培东：《诉讼经济简论》，载《现代法学》1987 年第 3 期。

[89] D. Gigone & R. Hastie, "The Common Knowledge Effect: Information Sharing and Group Judgment", *Journal of Personality and Social Psychology*, 65 (1993).

[90] 刘卓：《乡村犯罪矫正的枫桥"四治"模式及其启示》，载《中国农业研究》2019 年第 2 期。

[91] Robert P. Abelson & Ariel Levi, "Decision Making and Decision Theory", in Gardner Lindzey & Elliot Aronson (eds.), *The Handbook of Social Psychology*, *vol.* 1, *Random House*, 1985.

［92］AmosTversky & Daniel Kahneman, "Extensional Versus Intuitive Reasoning: The Conjunction Fallacy in Probability Judgment", *Psychological Review*, 90 (1983).

［93］Norman R. F. Maier & Allen R. Solem, "The Contribution of a Discussion Leader to the Quality of Group Thinking: The Effective Use of Minority Opinions", *Human Relations*, 5 (1992).

［94］［美］斯科特·普劳斯:《决策与判断》,施俊琦、王星译,彭凯平审校,人民邮电出版社 2004 年版。

［95］［法］古斯塔夫·勒庞:《乌合之众:大众心理研究》,冯克利译,中央编译出版社 2004 年版。

［96］刘峥:《我国合议庭评议机制的检讨及完善》,载《人民司法》2008 年第 21 期。

［97］［美］大卫·D. 弗里德曼:《经济学语境下的法律规则》,杨欣欣译,龙华编校,法律出版社 2004 年版。

［98］Aristotles, *Nicomachean Ethics*, (tran. and ed.) by Roger Crisp, Cambridge Press, 2000.

［99］［美］理查德·A. 波斯纳:《法律的经济分析》(上册),蒋兆康译,林毅夫校,中国大百科全书出版社 1997 年版。

［100］H. L. Feldman, "Objectivity in Legal Judgment", *Michigan Law Review*, 92 (1994).

［101］Samuel R. Gross, "The American Advantage: The Value of Inefficient Litigation", *Michigan Law Review*, 85 (1987).

［102］徐胜萍、张雪花:《司法改革语境下合议制度理论的借鉴与重构》,载《法学杂志》2017 年第 12 期。

［103］张雪纯:《合议制与独任制优势比较——基于决策理论的分析》,载《法制与社会发展》2009 年第 6 期。

［104］周维培:《德国联邦审计院的司法特征及样本意义》,载《审计研究》2016 年第 3 期。

［105］李昌超、詹亮:《合议庭评议制度的理性反思与制度建构》,载《湖北民族学院学报(哲学社会科学版)》2017 年第 3 期。

［106］刘红宇:《深化合议制改革 告别"合而不议"》,载《人民政协报》2015 年 5 月 14 日。

［107］邓栩健:《合议庭少数意见在"少数服从多数"评议原则下的价值探究》,载

《山西省政法管理干部学院学报》2018 年第 1 期。

[108] 陈瑞华：《正义的误区——评法院审判委员会制度》，载《北大法律评论》1998 年第 2 期。

[109] ［美］劳伦斯·鲍姆：《法官的裁判之道——以社会心理学视角探析》，李国庆 译，北京大学出版社 2014 年版。

[110] 王韶华：《合议制改革之我见》，载《人民法院报》2014 年 11 月 26 日。

[111] 陈莉：《"形合实独"的实践困局与制度转型——以基层法院的民事诉讼程序为 对象》，载《南京大学法律评论》2019 年第 1 期。

[112] 步洋洋：《中国式陪审制度的溯源与重构》，载《中国刑事法杂志》2018 年第 5 期。

[113] ［德］拉德布鲁赫：《法学导论》，米健译，中国大百科全书出版社 1997 年版。

[114] 陈瑞华：《司法裁判的行政决策模式——对中国法院"司法行政化"现象的重新 考察》，载《吉林大学社会科学学报》2008 年第 4 期。

[115] 宋远升：《司法责任制的三重逻辑与核心建构要素》，载《环球法律评论》2017 年第 5 期。

[116] 孙顺英：《我国合议制度的运作弊端及完善对策》，载《前沿》2010 年第 24 期。

[117] 肖瑶：《中基层法院院庭长监督指导重大案件的实践运行与机制完善》，载《法 律适用》2019 年第 13 期。

[118] 刘杨、刘建刚：《审判者之辨》，载《北京联合大学学报（人文社会科学版）》 2017 年第 3 期。

[119] 吴英姿：《论保障型审判管理机制——以"四类案件"的审判管理为焦点》，载 《法律适用》2019 年第 19 期。

[120] 姚莉：《反思与重构：中国法制现代化进程中的审判组织改革研究》，中国政法 大学出版社 2005 年版。

[121] 高一飞、赵毅城：《院庭长审判监督管理机制的当前改革》，载《湖南社会科 学》2018 年第 6 期。

[122] 李源禧等：《民间司法改革白皮书》，业强出版社 1997 年版。

[123] 万毅、杨春林：《论院庭长的审判监督权》，载《思想战线》2016 年第 4 期。

[124] 王伟：《完善审判监督管理 助力审判质效提升》，载《人民法院报》2019 年 11

月 10 日。

［125］龙宗智、袁坚：《深化改革背景下对司法行政化的遏制》，载《法学研究》2014
年第 1 期。

［126］龙宗智：《审判管理：功效、局限及界限把握》，载《法学研究》2011 年第
4 期。

［127］刘练军：《法定法官原则：审判委员会改革的新路径》，载《北方法学》2018 年
第 6 期。

［128］左卫民、吴卫军：《"形合实独"：中国合议制度的困境与出路》，载《法制与社
会发展》2002 年第 2 期。

［129］［意］皮罗·克拉玛德雷：《程序与民主》，翟小波、刘刚译，高等教育出版社
2005 年版。

［130］南京市中级人民法院课题组：《法官业绩考核评价制度研究》，载《中国应用法
学》2018 年第 1 期。

［131］黄锡生、余晓龙：《以绩效管理为借鉴的法官业绩考评机制再造》，载《东岳论
丛》2019 年第 12 期。

［132］张建：《论法官绩效考评制度的设计难点与优化》，载《山东社会科学》2020 年
第 6 期。

［133］［美］西奥多·H. 波伊斯特：《公共与非营利组织绩效考评：方法与应用》，肖
鸣政等译，中国人民大学出版社 2005 年版。

［134］徐向华课题组：《审判委员会制度改革路径实证研究》，载《中国法学》2018 年
第 2 期。

［135］龙宗智、孙海龙：《加强和改善审判监督管理》，载《现代法学》2019 年第
2 期。

［136］秦小建：《审判责任制的宪法基础与改革逻辑》，载《武汉大学学报（哲学社会
科学版）》2018 年第 5 期。

［137］朱福勇：《论合议庭的评议对象与论证表达》，载《法律科学（西北政法大学学
报）》2017 年第 1 期。

［138］张晋红：《审判长制度与合议制度之冲突及协调——兼论合议制度的立法完善》，
载《法学评论》2003 年第 6 期。

［139］方乐：《法官责任制度的司法化改造》，载《法学》2019 年第 2 期。

［140］华小鹏：《法官绩效考核的终极目标及实现路径研究》，载《法学杂志》2020 年第 10 期。

［141］金泽刚：《司法改革背景下的司法责任制》，载《东方法学》2015 年第 6 期。

［142］叶汉杰：《审判责任追究标准的困境与出路》，载《中山大学法律评论》2019 年第 1 期。

［143］孙晓楼：《两大法系法院组织之比较》载《中德法学论坛》2008 年第 0 期。

［144］张雪纯：《我国合议制裁判的缺陷及其完善——基于决策理论的分析》，载《法学家》2009 年第 3 期。

［145］［美］斯蒂文·沙维尔：《法律经济分析的基础理论》，赵海怡、史册、宁静波译，中国人民大学出版社 2013 年版。

［146］［美］E. 博登海默：《法理学：法律哲学与法律方法》，邓正来译，中国政法大学出版社 2004 年版。

［147］彭世忠：《程序选择权及其法经济学思考》，载《西南政法大学学报》2003 年第 6 期。

［148］《世界各国刑事诉讼法》编辑委员会编译：《世界各国刑事诉讼法》（亚洲卷），中国检察出版社 2016 年版。

［149］《世界各国刑事诉讼法》编辑委员会编译：《世界各国刑事诉讼法》（欧洲卷），中国检察出版社 2016 年版。

［150］姜金良：《司法改革中合议庭负责制——走出"形合实独"的困境》，载《东南法学》2015 年第 1 期。

［151］［法］埃哈尔·费埃德伯格：《权力与规则——组织行动的动力》，张月等译，上海人民出版社 2005 年版。

［152］［美］K. 理查德·L.S. 波斯纳：《法官如何思考》，苏力译，北京大学出版社 2009 年版。

［153］［美］杜加克斯、赖茨曼：《八十年代社会心理学》，矫佩民、高佳、吴克译，生活·读书·新知三联书店 1988 年版。

［154］孟石磊：《制约"审判中心主义"形成的原因探析》，载《辽宁公安司法管理干部学院学报》2017 年第 5 期。

[155] Jens David Ohlin, "The One or the Many", *Criminal Law and Philosophy*, 9（2015）.

[156] 卢世荣：《合议庭内部权责分工如何更合理》，载《江苏经济报》2013 年 12 月 11 日。

[157] 陈瑞华：《刑事审判原理论》（第 2 版），北京大学出版社 2003 年版。

[158] 杨凯：《审委会制度改革：需要弄清的八个问题》，载《人民法院报》2016 年 1 月 28 日。

[159] 陈启刚、周琪、闵寅波：《司法现代化与审判委员会制度改革》，载《法律与生活》2019 年第 14 期。

[160] 蒋华林：《审判委员会制度：寻根理枝与革新路径》，载《河北科技大学学报（社会科学版）》2016 年第 2 期。

[161] 邵六益：《审委会与合议庭：司法判决中的隐匿对话》，载《中外法学》2019 年第 3 期。

[162] 卢希起：《检察长列席审委会会议制度思考》，载《法商研究》2020 年第 3 期。

[163] 陈濂、柯葛壮、田欢忠：《检察长列席审委会制度合理性研究》，载《东方法学》2010 年第 4 期。

[164] 王桂五主编：《中华人民共和国检察制度研究》，中国检察出版社 2008 年版。

[165] 项谷、姜伟：《司法体制改革中完善检察长列席审委会会议制度的新视域》，载《上海政法学院学报（法治论丛）》2018 年第 1 期。

[166] 汪存锋、余丰泳：《刑事抗诉视角下检察长列席审委会的法律监督职能》，载《中国检察官》2016 年第 19 期。

[167] Liu Zhuo, "The Theory on the Strengthening of the Legal Supervision Power of Chinese Procuratorate", in *Information*, *Teaching and Applied Social Sciences*, Singapore Management and Sports Science Institute Press, 2018.

[168] 闵钐编：《中国检察史资料选编》，中国检察出版社 2008 年版。

[169] Liu Zhuo & Wu Yuehong, "The Objective and Legal Obligation of the Prosecutor in the Comparison of China and Western Countries", *WOP in Education*, *Social Sciences and Psychology*, 42（2019）.

[170] 刘加良：《论列席监督的正当化转向》，载《政治与法律》2009 年第 6 期。

[171] 何家弘主编：《检察制度比较研究》，中国检察出版社 2008 年版。

［172］王明辉：《论我国审判责任制改革》，西南政法大学 2018 年博士学位论文。

［173］贺卫方：《司法的理念与制度》，中国政法大学出版社 1998 年版。

［174］马若飞：《刑事审判中审判委员会制度的发展与完善》，载《山西经济管理干部学院学报》2018 年第 1 期。

［175］谭中平、肖明明：《民主集中制与少数服从多数：功能分野视角下审委会组织原则的二元重构》，载《司法改革论评》2018 年第 1 期。

［176］蒋惠岭：《审理制：审委会制度改革破冰之举》，载《法制日报》2016 年 4 月 13 日。

［177］谢刚炬：《专业审判委员会组织结构完善研究》，载《法学杂志》2020 年第 1 期。

［178］李晓磊、郭兰君：《审判委员会通用议事规则之"理想图式"——以"罗伯特议事规则"为借鉴》，载《东南司法评论》2019 年第 0 期。

［179］左卫民：《审判委员会运行状况的实证研究》，载《法学研究》2016 年第 3 期。

［180］刘伟炜：《司法改革大背景下如何强化合议庭职能》，载《江苏经济报》2016 年 11 月 16 日。

［181］陈琨：《扩大民事案件独任制适用范围的现实路径——基于 B 省近 3 年独任制适用情况的实践考察》，载《法律适用》2019 年第 15 期。

［182］于显洋：《组织社会学》，中国人民大学出版社 2001 年版。

［183］邵海林、李娇娇：《扎实推进审委会制度改革》，载《人民法院报》2015 年 8 月 4 日。

［184］本报评论员：《创新完善审委会工作机制的尝试》，载《人民法院报》2016 年 2 月 2 日。

［185］顾培东：《法官个体本位抑或法院整体本位——我国法院建构与运行的基本模式选择》，载《法学研究》2019 年第 1 期。

［186］蒋惠岭：《合议制改革若干焦点问题》，载《人民司法》2008 年第 21 期。

［187］郑博涵：《院庭长审判监督管理权配置模式研究——以审批事项设置标准为切入》，载《中国应用法学》2019 年第 4 期。

［188］王玲芳：《司法责任制视角下对审判监督程序的思考》，载《法律适用》2019 年第 11 期。

[189] 上海市闵行区人民法院课题组:《司法责任制背景下审判监督管理的路径转型》,载上海市法学会编:《上海法学研究集刊——闵行区法院卷》,上海人民出版社2019年版。

[190] 张智辉:《论司法责任制综合配套改革》,载《中国法学》2018年第2期。

[191] 李桂红:《科学配置审判权力 切实提升司法公信》,载《人民法院报》2019年11月9日。

[192] 汪海燕:《刑事审判制度改革实证研究》,载《中国刑事法杂志》2018年第6期。

[193] Jon Kåre Skiple et al. , "Supreme Court Justices' Economic Behaviour: A Multilevel Model Analysis", *Scandinavian Political Studies*, 39 (2016).

[194] 谭波:《全面提高审判质效的制度供给与现实要求——基于全面落实司法责任制的考量》,载《求是学刊》2020年第1期。

[195] 龙宗智、孙海龙、张琼:《落实院庭长办案制度》,载《四川大学学报(哲学社会科学版)》2018年第4期。

[196] 龙宗智:《法院内设机构改革的矛盾及其应对》,载《法学杂志》2019年第1期。

[197] 左卫民:《中国法院院长角色的实证研究》,载《中国法学》2014年第1期。

[198] 秦前红、赵伟:《论最高法院院长的角色及职权》,载《法学》2014年第3期。

[199] 陈卫东:《司法责任制改革研究》,载《法学杂志》2017年第8期。

[200] 李微娜、金锦花:《论司法责任制》,载《长春理工大学学报(社会科学版)》2018年第4期。